生命，因閱讀而大好

女人四十，

該捨棄與該開始的

鄭教暎——著

簡郁璇——譯

自序

女人四十，該捨棄與該開始的

四十歲，這個許多人失去方向、感到迷惘的年紀，對你意味著什麼？想到曾經因為不想承認年屆四十，而執意宣稱自己「內心是永遠的三十七歲」，就不由得莞爾一笑。我的歲月，已經大步橫跨四十歲，開始望向五十了。

某天下班路上，身旁一名女子正在與丈夫通電話，她被質問「為什麼到現在還沒回家？跑去做什麼了？幾點才要煮晚餐？」為此她氣憤難平，跨出的每一步都能感覺到沉重的痛苦，也充滿了長期在家庭這個籬笆內當「工具人」的疲憊。

我想起仁敬，她長達二十年以上，把照顧家人視為自己的義務與責任，全心全意守護家庭。她妄自菲薄地說，自己一無所長，沒有出門賺錢的本事，

所以照顧家人、打理家務是天經地義的事。這樣的她，在開始尋找「自我」以後，便不時以從容且自信的樣子說：「我現在想休息了，正在考慮是否一個人去旅行。無論做得好不好，我想肯定一路以來辛苦的自己。過去已經夠努力了，卻總是害怕聽到別人說『當媽的人、打理家務的女人，怎麼可以這樣？』現在，不管在別人眼中看起來怎樣，我想肯定自己。雖然目前沒頭緒，但我想替自己安排獨處的時間。」

在成為媽媽、妻子以及「上了年紀的大人」之前，我們擁有身為「一個人」的情緒和欲求。我們有蠢蠢欲動的欲望，也有追求振翅高飛的夢想。難道成了媽媽、妻子或者年過四十後，就應該隱藏自己、克制自我實現的欲望嗎？這樣做是正確的嗎？習慣當某人的媽媽、妻子與大人後，這樣的人生讓「我」的個性逐漸消失。一旦「我」這個存在漸漸模糊，最後就只能用相片追憶曾經發光發熱的自己。

人生猶如乘坐在一股流動之上，會經歷宛如雲霄飛車般不間斷的高低起伏，我們因此得以成長。過了四十歲，原本的下坡路可能變成上坡，或者相反過來，就看我們如何度過這個人生轉捩點。因為我們無法在此刻鳥瞰未來圖像，所以會感到絕望與不安，然而我反倒將這種危機與不安視為好兆頭，只要接受它是回顧過往的訊號，人生重新洗牌的機會就到來。

這本書收錄了我在跨越四十歲關卡時經歷的心理變化、人生問題，以及透過為四十歲女性諮商所獲得的智慧。我想打破大家口中所說的「中年危機」或「人生已走向下坡，變得一文不值」等社會偏見，借助心理學知識，以更積極正向的觀點看待四十歲，創造勇氣，帶著希望度過每一天。為此，我逐一檢視四十歲女性必須重新審視、果敢拋棄及重新開始的事。因為個性本來就這樣、因為自己一無所長、因為沒嘗試過、因為不年輕了、因為是家庭主婦、因為是女人、因為是媽媽，所以認定自己沒能力、已經走到盡頭……假如妳在自己身上看到這些作繭自縛的圈套，現在就一起跨步離開吧！

「充分飄搖吧，受傷的靈魂啊，充分飄搖之際，走向痛苦吧……沒有眼淚是永遠的，沒有悲嘆是永久的，即便是伸手不見五指的暗夜，天空下也會有一隻抓住你的手。」

這幾句話是摘自詩人高靜熙的作品《致受傷的靈魂》，願我這本書能成為正在飄搖的人所渴望抓住的那隻手。

二〇一九年八月

鄭教暎

Chapter 2 修正陳舊的人生計畫表

第二部曲・女人四十，該開始的是……

• 第一部曲

女人四十，
該捨棄的是……

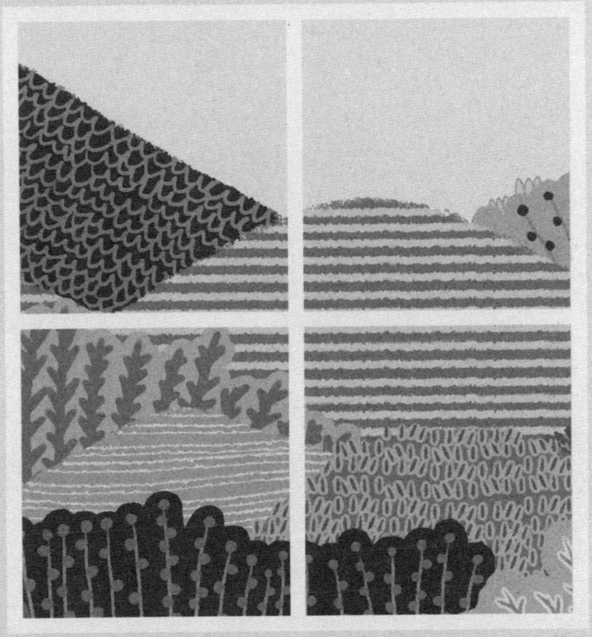

Chapter 1

從「犧牲」的角色中走出來

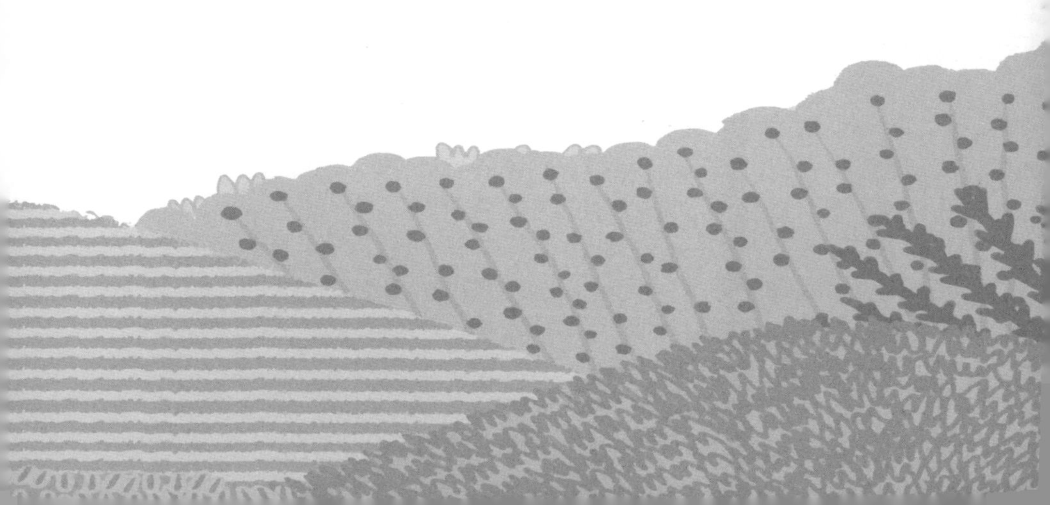

有時，
答案就在單純的事物上；
當人生變得單純，
心靈就會從容許多。

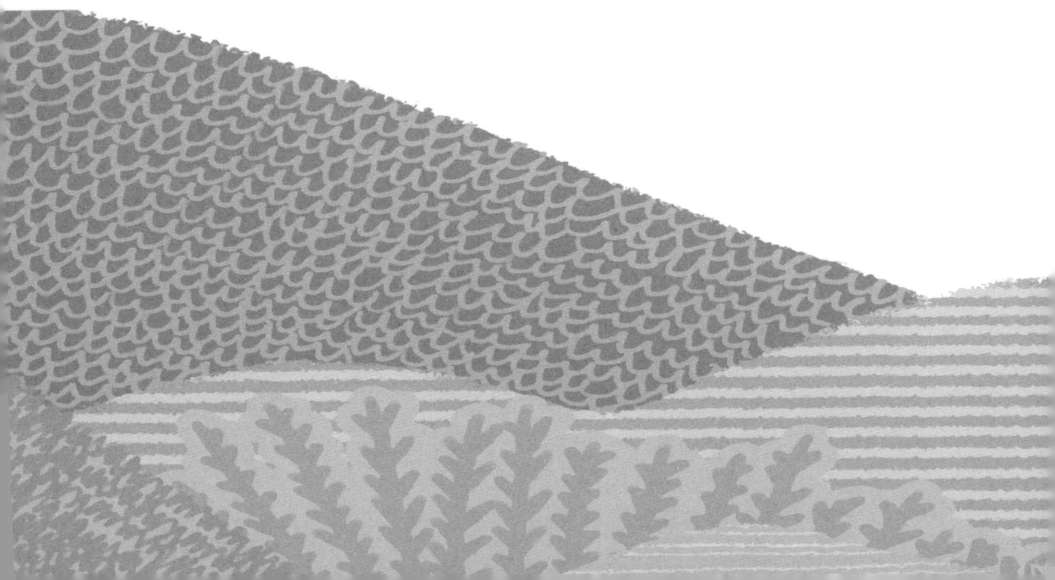

拔除妳心中
名爲「偏見」的雜草

作家瑪麗安娜・威廉森（Marianne Williamson）強調，勇氣比才能重要。她曾說：「我們恐懼的不是能力不足，而是能力出眾到自己難以想像；我們害怕的不是黑暗，而是光明。我們擔憂自己聰穎過人、太過亮眼該怎麼辦？然而沒有理由不能如此。退一步讓他人不感到氣餒的故事一點也不動人，當我們向自己綻放光芒時，並不妨礙他人也這麼做；當我們擺脫恐懼時，他人也因此得到解放。這適用於所有人，不僅僅是少數者。」

特別是年過四十的女性，雖然許多人不了解自身情緒或自我價值、擔憂自己會失誤犯錯，但有些對自身優勢瞭若指掌的女性，也經常選擇不強出頭、留在適當的界線上。因為她們擔心「要是我表現得太過亮眼，就會疏忽孩子、傷及丈夫的自尊」，並抱持著「比現在表現得更好又怎樣」的質疑心態。這無疑是自貶身價，卻用經驗換來的謙遜來包裝。過去大家會說，女人要是手藝太巧、太過能幹，男人在外頭就無法盡自己的職責，這等於在助長女人對受到注目的恐懼。

我還記得小時候，大人們指著從事韓服刺繡多年的姑姑所說的話。曾經有一陣子，姑姑製作的韓服大受歡迎，接到很多訂單，甚至忙到沒時間休息；相較之下，姑丈賺的錢並不多。每當酗酒的姑丈對姑姑家暴時，大人們雖然會責怪姑丈，卻同時將箭靶轉向姑姑，指稱就是因為女人能力太強、太會賺錢，男人自尊心才會受創；當然，姑姑也免不了被指責沒把家事打點好。結論就是，女人的氣勢不能太強盛。現在回想起來，覺得這些話都是無稽之談，但很遺憾地，我雖然無法認同「女人就應該這樣、不可以那樣」的言論，卻無法否認生活在父權社會底下的我們，潛意識中還殘留著這種觀念。在刻板印象中長大的女性，不自覺地會產生「雖然很想出人頭地，但又不能成功」的矛盾態度；或是認為自己可以同時當成功的職業女性與賢妻良母，無論在家或出外，都能當個完美的女超人。

「性別刻板印象」是一種普遍性的概念，指的是社會期待性別扮演的角色或具備的特性，也會立下特定性別的行為準則。雖然遇到明顯的性別歧視時，多數人會有強烈反應，也容易感到憤怒，但對於潛意識中的性別刻板印象所帶來的日常影響，卻經常渾然不知。性別刻板印象不僅會影響性別的角色期待，也會影響人的價值觀、想法、態度、行為、情緒、欲求和決策，讓人自我萎縮或畫地自限，而非接受並尊重原本的自己。此外，越是擔心無法被社會接受而束縛於他人視線，就越是無法擺脫刻板印象的陰影，最後創造出虛假的自我，遺失真正的自己。

一名參加「夢想主婦讀書會」的女性是大器晚成的大學講師，她因為忙著養育孩子，很晚才開始學習，但為了實現夢想，她活得比任何人認真。這樣的她，卻說出了令人意外的話：「我當然也很想成功，即使只是取得首都以外的大學教職也好。但老實說，我更希望丈夫能出人頭地，那樣好像更幸福。」雖然想獲得認可，卻又擔心受到注目，所以寧可維持適當的界線，把自己放在觀眾席，看著別人當主角，時而哭泣、時而大笑，以旁觀者的身分過一輩子。

我們就像這樣，不自覺地將自己困在社會打造的性別刻板印象裡無法擺脫。我們忽略內心正在大聲疾呼「夢想的自由」、「想變幸福的渴望」、「活得像自己的渴求」，反倒催眠自己不要太過招搖，為了維持家庭和平，要滿足現狀、適時妥協。即使接觸到自行開創人生的女性案例，也會劃清界線，認為她們是特例，自己只是平凡的四十歲女性。人過四十，很容易就會自動接納整個體系或社會觀念，即便碰到與自己不合的人事物，也會覺得沒必要耗費熱情與精力去反對；因為打破生活的和平去反對某件事，就等於在全盤否定過往的人生。儘管如此，我們依然需要說「NO」，當所有人都答「對」的時候，要有女性站出來說「NO」。無論是平凡的家庭主婦、妻子或四十歲後的女性，都應該更有意識地去思考，某些事情是否真的正確？「平凡」是否出自個人意願？四十歲後的人生，是否就該被刻板印象同化？

芭芭拉．庫尼（Barbara Cooney）創作的繪本《花婆婆》（*Miss Rumphius*），就描寫了一則具主體性、掌控自我人生的女性故事。以十九世紀的背景來看，主角花婆婆可說是一位不平凡的女性，她從小就夢想著長大後要去遠方旅行，年老後則要住在海邊的房子度過餘生。有一天，花婆婆開始到世界各地旅行，未婚的她在旅途中結交到形形色色的好友，去了熱帶島嶼，也登上終年白雪覆蓋的山峰，甚至橫跨了沙漠。邁入老年時，她也依照自己的願望買了一棟靠近海邊的房子，在自家庭園種起魯冰花。隔年春天，她發現整座山坡長滿了花朵，於是在村莊的每個角落撒下花的種子；儘管大家都竊竊私語說花婆婆發瘋了，她也絲毫不以為意。就這樣，花婆婆實現了自己最後一個願望——讓世界變得更美麗。她沒有遺忘自己的願望，對他人的視線也不在意，以實際的行動追尋夢想；這樣的她，並未要求人們去做出什麼偉大的事。我沒有要大家和花婆婆一樣選擇不婚、到世界各地旅行、自由自在地過活，而是請大家留心檢視我們的內心，是否也有刻板印象在阻止我們追尋自身的渴望。必須有所察覺，當我們暗自低喃「花婆婆是一位特別的女性，與平凡的我們不一樣，她是小說中的主角」時，我們也就成了性別刻板印象的奴隸。

請當個自我心靈的園藝師吧！將生長在內心有如雜草般的觀念一舉拔除。即使種下刻板印象並非出於己願，但若沒有帶著意識去觀看，它就會在無形中長得更茂盛，導致「夢想」與「渴望」的種子死亡。

我的心靈會栽培出什麼樣的庭園，全權掌握在我這個園藝師的手中。到了四十歲，再也沒有幫忙修剪心靈的助手了，此時有必要隨時拔除名為「刻板印象」的雜草，全心投入種植與培養夢想的種子。

摘除社會貼給妳的「四十歲」標籤

尊重對方自行選擇與決定的事，並且一路替對方加油讓他可以做得更好，這樣的表現即是「愛」。

《為什麼你不敢面對真實的自己？》（*Your Erroneous Zones*）一書的作者偉恩．戴爾（Wayne Dyer）說：「所謂的愛，只要是喜歡的人自行做出的選擇，無論自己是否喜歡，都懂得接受的能力。」換句話說，愛需要的不是犧牲與奉獻，想培養愛的能力，就必須先寬容地愛自己。我們母親那一代，習慣用自我犧牲與奉獻來表現愛，但她們非但不愛自己，還深信照顧家人、以家人為優先就是愛。然而，她們的愛，真的是

浩瀚如大海的「愛」嗎？

某個綜藝節目上，來賓柳時敏看到「烏竹軒」*的介紹後感到忿忿不平，因為節目用了「李珥之母」、「賢妻良母」、「韓國母親的表率」來形容申師任堂。柳時敏很遺憾地表示：「申師任堂可以是一位傑出的政治人物，也可以是一位藝術家，為什麼偏偏只用『母親』來形容她呢？」根據他的說法，申師任堂學識淵博、才能出眾，同時也是自尊感極高的一個人，而「李珥之母」僅是申師任堂多種面貌之一。其實到了現代，這種形容詞依然常見，可知迄今還

* 烏竹軒（오죽헌），是韓國朝鮮時代儒學者李珥（一五三六年～一五八四年）與其母親申師任堂（一五〇四年～一五五一年）的故居。申師任堂同時是朝鮮時代著名的女性書畫家、作家、儒學者和詩人，被視為韓國古代賢妻良母的代表，與兒子李珥的肖像分別登上現代韓國五萬元及五千元的紙鈔。

是存在著將賢妻良母視為女性典範的老舊觀念。想到這裡，內心相當感慨，還有多少女性正在被迫默默承受那種人生期待。有那麼多詞彙能夠表現一個人的存在，卻將其濃縮為某人的母親、妻子或女兒，這種方式既殘忍又悲傷。

「聾三年，啞三年，瞎三年。」過往的母親們一邊聽著這句韓國俗諺，一邊熬過在婆家當小媳婦的日子。對她們來說，婚後唯有將「我」這個存在拋到遠處、全心配合婆家的文化與標準過活，才能避免失去丈夫的寵愛而撐下來。那是一個如果表現自己，生存就會碰到困難的時代，在我們母親那輩依然是相對常見的情況。然而此刻，我們能笑著說「這些都是以前的事」了嗎？就算世界已經改變很多了，但幾乎沒有哪一項行為是獲得完全的自由。

女性一味地被要求奉獻，為他人付出必須優先於想到自己；唯有如此，家庭才能太平無事，也才不會受到他人的指指點點而能獲得認同。我的媽媽，也曾經帶著她唯一的女兒，獨自熬過了艱辛的媳婦歲月。曾經有一次，她覺得自己實在撐不下去了，在深夜裡將三歲的女兒丟在婆家，獨自逃到陰暗的深山裡；最後是因為眼前持續浮現年幼女兒的身影，才折返回家。從媽媽口中聽到這個故事，我心如刀割，忍不住與媽媽相擁而泣。若不是已經走投無路，她又怎麼會狠心丟下孩子離去？聽到她說是因為孩子而回家、多虧了孩子才能撐過來，這讓我無法想像媽媽的人生究竟在哪裡停止了？又是從何時消失的？

如今媽媽年逾七旬，光憑教子有方、丈夫工作順利，她就認為天底下沒什麼可煩惱的事、自己是最有福氣的女人足以羨煞旁人。一個人無論過了什麼樣的人生，彷彿只要養育出優秀的子女、幫助丈夫生活順遂，就能得到「不枉此生」的評價。雖然這的確是一件值得感恩的事，只不過當中卻遍尋不著媽媽對自己的評價與滿足感。我問媽媽，假如能夠回到當年，是不是還會做出相同的選擇？她只是笑而不答。

儘管有些子女在目睹母親的犧牲後，會奮發圖強用功讀書，以功成名就報答母親的恩惠。但在我們周遭也有不少相反的例子——母親在經濟拮据下，即使欠下債務也要送孩子出國留學，但子女畢業後卻沒有半點歸國的打算，這樣的事情時有所聞。母親隱藏在犧牲背後的憤怒、委屈與虛無感，又該從何處得到慰藉呢？這是一直以來被灌輸「先想到自己的人很自私」的我們，需要好好思考的問題。拋棄自己的人生要怎樣才能幸福？對自己人生不滿意的人，她們的愛又怎能不充滿對他人的期待？

「小不點長這麼大了啊！真可憐啊，要是妳知道媽媽是怎麼把妳養大的，妳就知道該怎麼對待媽媽。」小時候每當我去外公、外婆家時，知悉媽媽經歷的大人們經常這麼說，尤其是阿姨們注視我的眼神中，總是將「妳絕對不能背叛媽媽，一定要讓媽媽過得幸福」的責任與義務傳達給我。媽媽在我出生前就開始吃的苦頭與犧牲，無形中成了我莫大的沉重包袱，也成了一輩子的負擔。假如稍微拒絕媽媽表現出來的愛，也就是從一到十全部幫妳做好的方式，她就會感到既生氣又難過。此外，因為媽媽希望有人也可以像這樣照顧、呵護自己，所以經常會因為小事而失落，雖然嘴上會說「我不指望什麼，只要你們健健康康、過得好就夠了」，但兒女們都知道這是言不由衷。儘管深深地愛著並感謝媽媽，也知道她對丈夫和子女無微不至的奉獻是出於愛，但總是以家人為優先、自己為次要的媽媽，其實隱約期待著家人能滿足她對愛的需求。

歐洲的農夫發現，剪下葡萄樹的樹枝，阻止葡萄自然生長，能結出品質更佳的果實，最後製造出更高檔的紅酒。剪枝的目的，在於寧可減少生產量，也要獲得品質最上乘的葡萄；換句話說，就是要打造出讓葡萄順利成熟的最佳環境。不只是葡萄樹，種植過小型花草的人，也都曉得修剪不必要的枝幹，為的不是讓形狀好看，而是要讓樹木能夠長得更好。

無形的觀念也是如此，為了自我成長，就需要修剪不必要的社會觀念。有別於剛進入社會軌道的二十歲，以及剛站穩根基的三十歲，四十歲需要的是努力擺脫既定的觀點。無數女性接受了過往世代的人生方式，時而對母親心存感謝，時而又下定決心，絕不要像母親那樣活著。

請切記，妳的「四十歲後的人生」，可以與她們不同。將過去的痕跡投射在宛如白紙的未來上，是與成熟的人生背道而馳的。想活出成熟的人生，就把人生的焦點回歸自己身上，修剪自己對外的期待與對愛的渴望吧！

不要怪罪
無聊乏味的日常

生活日復一日，我們用什麼樣的態度來面對今天？多數人並不歡迎一天的開始，每天早上全身有如千斤重，滿腦子都在與想多睡一會兒的念頭搏鬥。我們很難期待自己像電視或書中的主角那樣，晚上睡個好覺，隔天神清氣爽、活力充沛地起床。儘管聽過「晨間人」、「清晨的奇蹟時光」等無數傳講早起好處的名詞，但似乎都與自己八竿子打不著。

一早抗拒各種誘惑，好不容易從睡夢中醒來，隨即必須忙著打點丈夫和小孩，真正的戰爭此時才要開始。每天都像這樣手忙腳亂地展開，不知不覺這種模式成了一種習慣，直到送家人出門，將家裡收拾一遍後，悠悠忽忽地時間也過了大半天。接著到外頭參加聚會，或是買個菜，轉眼間就到了孩子們回家的時間，又必須著手準備晚餐。吃過飯、清洗碗盤後，檢視一下孩子們的功課，再看個電視劇，一天就這麼過了，接下來又得為了隔天而趕緊上床睡覺。彷彿被時間追趕般四處奔走，回首時卻空虛地發現，自己什麼也沒留下，不由得悲從中來。

我們如何對待今天、對待此時此刻，將決定我們剩餘的人生。我們可能會怠惰地認為「今天不行的話，明天再開始不就得了？」不，今天是我剩餘人生的第一天，也可能是我人生的最後一天。對今天的妳來說，寫在第二人生首頁的一句話會是什麼呢？

四十歲的我們，假如內心不夠堅韌，一心埋怨過去的缺憾或留戀過去，就可能重蹈覆轍；或是望著眼前卻無法帶著智慧前行，對未來感到茫然甚至心生恐懼，而戰戰兢兢地抓著不透明的未來。對於人生剛好走完半場的四十歲而言，「專注、充實當下」是撰寫人生第二篇章時須銘記在心的命題。不要只是漫不經心地把它當成老生常談，而是要好好檢視自己面對每一天的態度。

過去有人問我「妳過得怎麼樣？」我常常沒誠意地回答：「喔，老樣子啊，每天都差不多，沒什麼特別的，你呢？」這顯現出我看待生活的態度，是把人生視為微不足道的事，講這種使自己的人生淪為無用之物的話，是很愚昧的習慣。假如當時的我說：「今天在後山邂逅盛開的野花，過了充滿悸動的一天！」那會怎麼樣呢？在生活中創造「特別」，僅僅取決於我們自己的心態。假如覺得每天寫日記很困難，那麼把能夠回憶起今天的照片留在部落格、社群媒體或手機日記也是不錯的方法。

我並不怎麼喜歡拍照，如果有人問我原因，我總是找藉口說：「與其把時間花在拍照，更想將那一刻，如實地盛裝在雙眼與心靈。」特別是隨著孩子長大，拍照的機會變得更少，不知從何時開始，我的人生與成長記錄也跟著中斷。被追趕般的生活，就這麼一天度過一天，疲憊不堪的人生背景已將我徹底掩埋。

這樣的我，之所以開始用照片留下生活記錄，並不是出自偶然，而是因為三不五時就有先生與女兒記得、我卻想不起來的情況。好比說，不只是一同前往的旅行地點或美食餐廳會忘記，就連一些瑣碎的經驗也不復記憶，直到最後家人開玩笑地說：「妳該不會這麼快就得失智症了吧？」才一語驚醒夢中人。拍照記錄不只是為了珍藏特別的瞬間，而是當細微的生活日常也被記錄下來時，那一刻就會化為特別的時光，在記憶中歷久不衰。因此，我才會更有意識地去捕捉「今日最棒的一刻」，留下簡短的記錄。

女兒原本就對色彩很有概念，加上從小就喜歡繪畫，把玩化妝品成了她最近的嗜好，平時只要有了錢與時間，就會跑去美妝店報到。如果我數落她為何又買了與家裡唇彩同色的商品，她就會把新舊商品同時塗在手背上給我看，並反駁道：「媽媽，這兩個一樣嗎？世界上沒有一模一樣的顏色。」

做菜也是相同的道理。就算同一人拿相同的食材做同一道菜，味道也不盡相同。人生，不也是如此嗎？如同世上沒有相同的顏色、相同的料理，自然地，這世上也沒有相同的人、沒有與昨日相同的我。發現其中的細微差異是關鍵，也就是說，我們要將今日設計得與昨日有百分之一的不同。雖然需要有實現人生目標與夢想的宏大設計圖，但更重要的是，擁有一張幫助今天過得充實且特別的小小設計圖。

為了度過有別於之前的一天，保持好奇心很重要，就像小孩子對周遭的人事物感到好奇，大開眼界之餘還會想試圖學習那樣。孩子們對昨日與明日並不感興趣，他們眼中只有此刻所在的地方——「現在」，他們沒有「我要好好做」、「我要達成什麼成果才行」的意圖，只是毫無畏懼、義無反顧地沉浸在這一刻罷了。把每一瞬間當成是驚奇的連續，自然而然就不會過著與昨日相同的今日了。

拋下對自己的刻板印象

小時候，不，直到三十幾歲為止，我還經常做著踏上旅途的夢。出門應該會有目的和理由，但夢中的我卻不知要前往何處，也不知道原因，就只是一直在路上，朝著某個方向前進。雖然極少數的情況下夢中會有同行的人，但大部分都是獨自上路，過程中會碰上路障，也會遇上必須跨越死亡的關口。不過諷刺的是，現實生活中我不曾獨自一人去旅行，當然我曾隻身去拜訪熟人，但不曾有過離開家門到回家前都孑然一身的旅行。生性膽小又是路痴的我，迄今仍然十分羨慕一個人說走就走的旅行，而這樣的我，在夢中卻獨自踏上了旅程。

踏上旅程，意味著展開新的際遇、創造全新的故事；為此，必須先摘下面具。這裡說的「面具」，可以分成兩種：「別人眼中的我」以及「自己眼中的我」；摘下面具，代表的是跨越這兩種「我」。

摘下「別人眼中的我」，是指擺脫過去代替我的姓名、像標籤般如影隨形的「角色」。擺脫社會價值觀造成的刻板印象固然重要，但走出「想在社交網路上呈現給他人看的面具」更為重要。因為，在互相比較、包裝自己的過程中獲得的滿足並非自尊感，而是憂鬱與空虛感的另一面。

「自己眼中的我」，則是不知從何時戴上、自己卻最熟悉的面具，也就是自行定義的「我」；換句話說，就是「關於我」的個人刻板印象。妳可以檢視一下，是否曾用「聰明」、「有智慧」、「單純」、「愚昧」、「懶惰」、「勤奮」等這些形容詞來界定自己，這就是個人刻板印象。沒有任何「自我」是從一開始就始終如一的，但人們卻相信，無論面臨什麼樣的情況，都存在著一個具有一貫性的「自我」，不會根據面臨的情況、角色、情緒與需求而改變。不過心理學認為，「自我」其實是由許多面向組成的複合體，我們擁有的只是根據狀況而彈性變化的「自我」罷了。所以唯有我們能以不同的方式接受並整合「自我」的多樣化，我們才會對自己更有信心，自尊也才能提升。

許多女性不懂得如何珍惜、尊重自己，也許是因為忽視「自我」與個性的多樣化，更有利於適應這個世界。或者說，因為我們更喜歡一致性，無論積極或消極、無論是否畫地自限，我們都不想面對多樣化的自己可能帶來的矛盾與混亂。然而，若是作繭自縛、拒絕變化，不僅無法看到具有更多可能性的自己，也會與發揮、擴張自我價值的機會擦身而過。

人生如戲，許多時候必須戴上面具配合扮演的角色與情境，但不能因此將這些面具錯認成本來的「我」。荷蘭社會心理學教授詹斯・佛斯特（Jens Förster）就建議，假如有人想要好好了解自己，可以試著到國外長期生活。他原本住在德國，後來搬到荷蘭，一年後的某個早晨，他突然發現自己正在製作午餐便當這個他二十年來一次也沒做過的事。荷蘭人的午餐，通常是吃從家裡帶來的麵包和一杯酪漿（Buttermilk），所以他無形中已適應了荷蘭的習慣。人類快速的適應力，顯現所謂的人格並非銅牆鐵壁般牢不可破，相反地，它是瞬息萬變的。

我在中國的時候，常常看到一群人在空曠廣場或公園中央跳舞。起初只是感到相當神奇地在一旁看熱鬧，但等我回過神來的時候，我已經加入他們的行列，情不自禁地跟著手舞足蹈。此外，我也常看外國朋友買菜，看懂了他們慣吃的食材與料理方法後，讓手藝差的我也挽起袖子，為這些朋友們做韓國菜。我沒想到自己會喜愛如此多元的交流，也喜歡上與他人見面。原來，那個「生性膽小、小心翼翼的鄭教暎」，不過是「我眼中的自己」罷了。

為了與他人建立關係，或是吸引某人關注，我們彼此會戴上、摘下無數個面具，甚至連自己戴著面具都沒察覺。

四十歲的人際關係亦是如此。儘管現在與妳建立關係的所有人都很珍貴，但有時必須果敢地整理阻礙我們成長的關係。年輕時，需要與形形色色的人交流來增廣見聞，但四十歲以後，強求關係反而會阻礙成長。就像淨身會讓身心感到神清氣爽，整理不必要的關係，也能使「四十歲」變得更加輕盈。

儘管和所有人友好的想法，起初就知道不可能且不切實際，那何不直接放下這個念頭呢？人際關係沒整理，就如同把沒有穿也不知何時會再穿上的衣服，堆放在衣櫃多年一樣。遠離那些碰面時讓妳感到不愉快或不自在的人吧！四十歲的能量應該投入在能夠提升生活意志的方向；假如每次碰面時，總覺得能量被剝奪且情緒低落，那就有必要將此視為消耗性的關係。如果有人符合這種情況，不必感到綁手綁腳，請與對方保持適當距離。

在妳身上，至今尚未發現的「我」會是什麼呢？如果認為自己與眾不同、堅信固定不變的風格最像自己，一方面卻又說要尋找自我，這無疑是最愚昧的。當嶄新的經驗到來，自己的行動、個性、才能與喜好都會經歷變化；妳必須打破「不會改變」的想法。如果一直堅持「我就是這樣」、被困在刻板印象的面具中，那麼妳從過去至今的故事就會被覆蓋。試著鉅細靡遺地寫下來吧：

假如我是一位作家，會讓什麼樣的人物在人生這部作品中登場呢？

擺脫他人賦予的角色

在煎熬的育兒時光與繁瑣家事纏身下，家庭主婦的精神狀態經常在無形中失控，喃喃自語的情況越來越頻繁——「沒化妝就出門了，真是的！」、「我有關掉瓦斯爐嗎？」、「衣服還沒晾，怎麼辦？」無論過去或現在，主婦們總是忙著打理家人的事，以致於沒有閒暇檢視自己的忙碌日常。

過去我以進修為由，對照顧幼兒與打理家事一概馬馬虎虎，新婚時還因為不知道「芝麻鹽」是什麼，而被婆家的人取笑了一番。多虧有娘家媽媽和婆婆悉心準備的泡菜與小菜，讓家人從沒挨餓過。對於收納、下廚與買菜都很生疏的我，打理家事的功力並沒有隨著時間長進，最後是長居中國時，在無親無故的陌生土地上培養出來。因為再也沒人會照顧、幫忙我的這個事實，戰勝了我的意志，將我徹底轉變成「完美的主婦模式」。

有一天，我起了個大早，正在替要去實習的女兒製作便當，驀然想起娘家媽媽而不禁潸然淚下。小時候從沒聽過媽媽唉聲嘆氣或抱怨勞累，所以我一直認為媽媽沒他人幫忙、獨力承擔的人生，是理所當然的主婦日常。此刻，想到過去懷有這種想法的自己，不由得感到羞愧又抱歉。媽媽該有多辛苦、多孤單呢？儘管如此，她卻說養育孩子、準備便當、送孩子上學是最幸福的事。每每看到年輕時面對繁重家事總是一個人俐落處理、絲毫不以為苦的母親們，如今年邁衰老，身形如孩子般的駝背模樣，我胸口就會一陣發悶。看到她們將主婦的角色與自己合而為一，獨自頑強地操持繁重家務，便不由得瞠目結舌、心生敬畏；但與此同時，一個女性的人生被局限在「媽媽」這個框架的現實也一覽無遺。她們真的度過了美好的人生嗎？「盡責的人生」與「美好的人生」有截然不同的意義，但大家總是將兩者視為同一件事。

「一週裡，我最討厭的就是週末！因為老公和孩子都在家，必須按時準備三餐，還得做些被延宕的家事，卻沒有任何幫手。不體貼的老公和孩子，只會把家裡弄得一團亂，我連稍微坐下來喘口氣的時間都沒有，所以到了晚餐時間，努力忍耐的情緒有時就會爆發出來。週末是讓人休息的日子，但我覺得週末最忙碌也最疲憊，而且不會因為我在週末工作，就有人給我加班費……。」

所有人都對可以享受悠閒、平和的週末滿懷期待，但有些媽媽卻很恐懼週末的到來。假如上班族有「週一症候群」，那麼媽媽就有「週末症候群」。夾在家人之間、凡事都靠自己的女性感到孤單又疲憊，不管再怎麼辛苦，也無法盡情向家人發牢騷，更無法徹底從家庭主婦這個角色得到解放。無論是全職媽媽或職業婦女，許多已婚女性經常一邊回想兒時照顧自己的媽媽，一邊開玩笑地說：「我也需要一個能照顧我的太太和媽媽。」為了完美兼顧家事與工作，忙到失去意識而昏倒的情況也時有所聞。有些人認為獨自揹負起自己的人生角色並為此負責，是「成為大人」的過程。懂得為自身想法、情緒和行為負責的人，固然是真正的大人與成熟的人，但無視自己的需求、沒有任何調節或選擇的餘地，只能被迫接受自己不願意的角色與相關責任，則是另一回事。事實上，這並不是「成為大人」的過程，而是「成為媽媽」的過程。

家族治療先驅維琴尼亞．薩提爾（Virginia Satir）曾在《薩提爾的家族治療模式》（*The Satir Model*）一書中，介紹我們應該享受的五種自由：

自由地去觀看與聆聽事物，
而不是它們應該是什麼、曾經是什麼以及將來是什麼。
自由地說出此刻的感受和想法，
而不是必須感受和思考的想法。
自由地去感受此刻的感覺，
而不是必須感受的感覺。

自由地要求想要的東西，
而不是等待許可才能得到的東西。
自由地為自己去冒險，
而不是害怕變動只選擇安穩。

每個人都有自行選擇與決定人生的自由，也唯有享受這種自由，才能對自己的人生負責。我們有權利活出想要的人生！回顧過往的選擇，僅僅是為了執行被賦予的角色——妻子、媽媽、女兒、媳婦而採取的方式，因為我們可能曾經認為，為了追求更好的人生，那是最好的辦法。然而，想獲得更美好的人生、成為更好的自己，應該趁現在將兩者區分開來。

我敢肯定地說，以職場或做功課般的心情努力扮演好被賦予的角色，不會因此就獲得美好人生，或使自己變得更好。如果忽視自身的情緒與需求、毫不懷疑地接受看似理所當然的事情，人生就只會滯留在「執行角色」的階段。

停止去做「非做不可的事」

相較於擁有的時間，我們需要花費心神的事情太多了。忙碌的早晨，準備早餐的同時要把睡夢中的孩子叫醒，還不忘檢視一下要熨燙的衣物，並三番兩次確認孩子要帶的口罩或雨傘等物品是否齊全了。身體只有一個，只能依序處理一、兩件事，但頭腦卻快速運轉後續的待辦清單——「每天早上都像在打仗」，這句話一點也不誇張。

當然，忙碌的不只女性。不論男女，大家同樣忙碌疲累，反覆過著在倉鼠滾輪上奔跑的生活，但何以女性感到特別辛苦、生活滿意度特別低落呢？馬克思・巴金漢（Marcus Buckingham）認為，這是因為女性被要求成為「處理多重任務的全能選手」。現實生活中也許有這樣的人，不過多數是成長環境使然，因為當我們一心多用，就難有餘裕集中在自己身上。

妳是否對自己能夠同時處理分量重的工作感到滿足呢？誠然，一口氣做完許多事相當有成就感，但卻沒能產生安心的感覺；必須把事情做完的義務感，也大過把事情做好的心意。我們知道，一件事要做好並不容易，多頭馬車下時間和精力只會大量耗損，漸漸地沒有餘力為自己做些什麼，或是集中在真正想做好的事情上。

根據惠普公司（Hewlet Packard）的研究，多重任務對工作的影響是，一般勞工的IQ在處理多重業務時會降低十分；IQ降低十分的狀態，相當於一整天沒睡。此外，也有研究顯示多重任務會增加壓力、加速老化。這些研究結果指出，為了同時處理好非做不可的事情，而認真分配時間並強迫工作的行為，對幸福、健康與成功並沒有太大的幫助。

結論是，比起非做不可的事，更應該將注意力集中在想做的事情上，自己要成為生活的主導者，才有助於開創健康與幸福的人生。想找到可以實現愉悅的四十歲人生模式，不妨把必須面面俱到的想法——尤其是認為非做不可的事——暫作保留，將會帶來立竿見影的效果。

職業婦女也許能透過工作獲得個人成就感，但全職媽媽即使有成就感，也很難認為自己有用處。因為她們做的事情多數無法獲得具體的報酬或認可，還總是被視為應盡的義務與責任。儘管在日復一日的生活中，帶著夢想藍圖描繪未來、懷抱希望與期待度過每一天很困難，但往後的日子也不能像隻倉鼠一樣不停地跑滾輪。妳可以試試看，逐一捨棄原本視為非做不可而習慣去做的事情。撇除物理上的生存需求及社會上的約束行為，大部分「非做」不可的事都是我們自己定義的；在一成不變的日常中，我們處理的許多事，常常是出於下意識與習慣性的行為。

想改變被習慣牽著走的人生，就必須好好觀察自己的生活，例如：雖然是右撇子，但可以刻意使用左手；早上起床時，注意一下自己最先做什麼，然後試著改變順序；變更買菜的行走路線、用自己喜歡的色系搭配衣服等等。透過這些推翻日常生活、顛覆「我本來就是這種人」的做法，試著為生活開啟全新觀點吧！

我的視力不好，多年前就開始戴眼鏡。兒時起就戴眼鏡的人，很難想像沒有眼鏡的生活，因為眼鏡早已和自己融為一體，看到摘下眼鏡的自己，甚至會感到相當陌生。我就以此為藉口，從來沒去感受化妝的喜悅，也可說是沒享受過身為女人的優勢。相反地，女兒是個性與我相差十萬八千里的孩子，雖然化妝、打扮自己是時下青少年的特徵，不過女兒對此尤其感興趣。

某天，女兒開始購買各式各樣的隱形眼鏡。過去她因為不習慣戴眼鏡，總是嚷著不方便，只在課堂上才戴；然而接觸隱形眼鏡的世界後，可以挑選的眼鏡種類五花八門。我這輩子只戴過兩次隱形眼鏡，分別是在自己結婚與妹妹結婚的時候。記憶中，要把隱形眼鏡順利戴上是非同小可的事情，就算好不容易戴上了，也會覺得隱形眼鏡彷彿要掉出來似的，因此我無法理解為何要忍受這種不舒服，只為了戴上隱形眼鏡。不過有一次，我偶然跟著女兒走進正在舉辦耶誕活動的隱形眼鏡店，因為拿到折扣而買下隱形眼鏡，嘗試了超過十年沒做的事。剛開始實在提不起勇氣，但既然買了，就應該戴看看，也因為已經和女兒約定好，要摘下眼鏡參加家族年末聚會，我只好無奈地戴上，甚至還化了妝。配戴過程沒有想像中那麼花時間，即便因為我有乾眼症與老花眼，沒辦法長時間配戴，但兩小時左右還行。教人詫異的是，我嘗試了過去以戴眼鏡為由而沒畫過的眼妝，儘管映照在鏡子裡的臉看起來陌生極了，也不漂亮，但能體驗全新的我，這件事本身就能帶來新鮮感。

仔細一想，才發現自己不曾嘗試的事情多到不勝枚舉，其中必定有許多事是因為不符合自己的風格而拒絕嘗試，或是擔心在他人眼中會顯得怪異而不敢去做。假如妳是很少閱讀的人，就試著每天閱讀十分鐘；假如妳是喜歡待在家裡的宅女，就可以每天花十分鐘到外頭曬太陽、吹吹風，輕鬆散步一下；而如果妳習慣用網路購物，也可以嘗試親自到店面逛逛挑選商品。若是有喜歡的音樂，不妨為了能親自演奏而買下樂器；雖然四肢不協調，但可以播放音樂、隨心所欲地起舞，或當成興趣來輕鬆學習。此外，假如妳非常講求效率、無法忍受在家無所事事，那麼試著什麼都不做，躺在沙發上滾來滾去或追劇；妳可能會說，這樣很不像自己，但「像我自己」又是什麼呢？假如「像我自己」變成局限我的界線與框架，那四處尋找「像我自己」的東西就顯得毫無意義。

開發機會邂逅多樣貌的自己吧！為此，妳需要接觸多元的刺激。這並非只出現在全新的事情上，改變周遭環境也是個好方法，像是把發皺的衣物熨燙平整，放進衣櫃整齊疊好；或來個家中大掃除、或僅僅只是拍掉陽台植物的灰塵都好。

多恩媽媽在孩子越來越接近獨立的時候，內心就越焦慮，晚上也睡不好覺，頓時感到憂鬱不已。儘管她試著靠運動和散步來平復心情，也和朋友們一起去旅行，但只要一有獨處時間，各種胡思亂想就會排山倒海而來，讓她感到十分痛苦。某天，她偶然接觸到極簡主義，讓向來難以丟棄陳年物品的她鼓起了勇氣，決定不再給自己太大的壓力，開始一天整理一個抽屜。過了一週，我再次見到她時，她的表情顯得輕鬆許多。多恩本來就是勤勞又愛整潔的人，表面上看起來家中打理得很乾淨，但當她實際打開抽屜一看，才發現各種雜物沾滿塵埃，彷彿也看到了自己凌亂糾結的內心。她花時間慢慢整理，而不是以處理延宕事務般一口氣解決的方式，隨著這樣的過程，她也同時體會到繁雜的內心變得井然有序的經過。

有時，答案就在單純的事物上；當人生變得單純，心靈就會從容許多。觀察一下，在全新的刺激中，我們正在經歷的是什麼？妳無須刻意四處尋找刺激，一天找一件不曾做過的事來嘗試也不錯。同時，原本妳以為非做不可的事情，試著不去做也無妨。

走出熟悉的陷阱

「走向心臟跳動的地方，是我的人生座右銘。現在，我的心臟正因表演而跳動著。」

這是有「東方卓別林」之稱的舞蹈家兼舞蹈演員金雪鎮的故事。二〇一四年，我從韓國選秀節目《Dancing 9》初次認識了金雪鎮這個人，他不僅具有出色的技巧與獨特的肢體動作，他的舞台表演更是蘊含故事性，讓舞蹈門外漢如我也能輕易理解——當音樂、肢體動作與故事融為一體時，完全擄獲了我的視線。然而，已者躋身頂級舞蹈家的他，卻要挑戰自己的演技，為什麼呢？

記者問他，舞蹈家背景是否為表演加分？他說：「是『我』這個人，讓每一幕表演充滿可能性。換成別人，也會出現只有那個人才能創造的畫面。我認為特別的不是身為舞蹈演員這件事，而是因為這是『我』這個人的演出。」

無論此時處於何處、做些什麼事，「因為『我』而特別」，與「無論有沒有付出努力，都不會改變『我』就是『我』」這句話是相通的。妳心臟跳動的地方，也是妳特別的地方，妳的特別之處在哪裡呢？可能在廚房、在獨處的小房間；也可能在有書相伴的書房、圖書館、咖啡廳；或是工坊、展示館、公演場所、電影院；甚至，也可能在全然陌生的旅遊地點、喧嘩吵鬧的購物中心或市場裡。

有人說，假使妳認為人生毫無意義，或妳安於舒適現狀而感到倦怠，那就走一趟凌晨的市場吧！去感受一下凌晨店鋪開張後忙碌奔波的人身上所散發的熱情與活力；回來後，妳的心臟會在不知不覺間開始重新跳動。但凡能喚醒內在靈魂的地方，去哪裡都無所謂，但若遇上會吞噬能量、消耗情緒的事，則避而遠之為上策。

意義治療（Logotherapy）創始人、奧地利精神科醫師維克多・法蘭克（Viktor Frankl）曾說：「想要發光，就必須忍受火燒。」活出自己真正想要的人生，就是要能找到自己內在的光芒、潛力、優勢與價值，並將之發揚光大！為此還必須具備勇氣，去尋找讓自己熱血沸騰的空間、地點、行為與想法等等。而即便是微不足道的嘗試，為了發現內在的光芒，也必然會有需要撞擊與打破的部分。當妳領悟到過去至今定義自己的一切，都會對自己的言行舉止造成影響，那一刻，妳可能會因為必須對抗恐懼而深感挫折與失望。面對強烈動搖的內心，妳可能感到尷尬與負擔，然而這是散發光芒必須承受的最微小不適。

對我而言，意義最不凡、令我最興奮的「意圖行為」，就是開設了一間小小的諮商室。我必須把每天都當成轉瞬即逝，賦予生活新的意義，並逐漸做出改變，因為想回到舒適圈的衝動三不五時就會出現。

如果認為熱情如火的我，迎來的會是美麗的人生，那妳就幻想破滅了；因為打破「媽媽」或「妻子」這些名詞、活出屬於「我」的人生、在四十歲面對第二人生，指的都是必須掙脫熟悉的懷抱，拿出勇氣去探索心動的行動。

Chapter 2 修正陳舊的人生計畫表

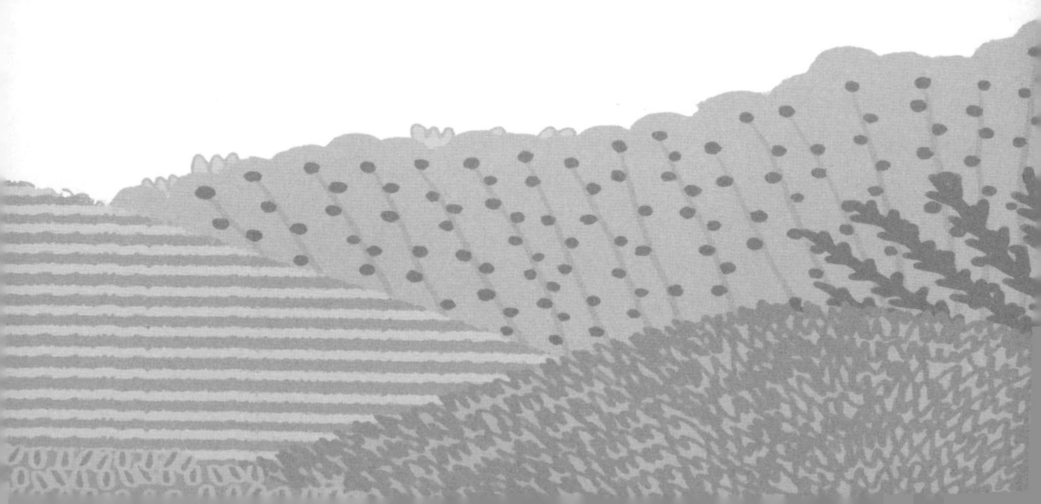

幸福，不是完成後才能體會的東西，
而是存在於一生所獲得的經驗中。

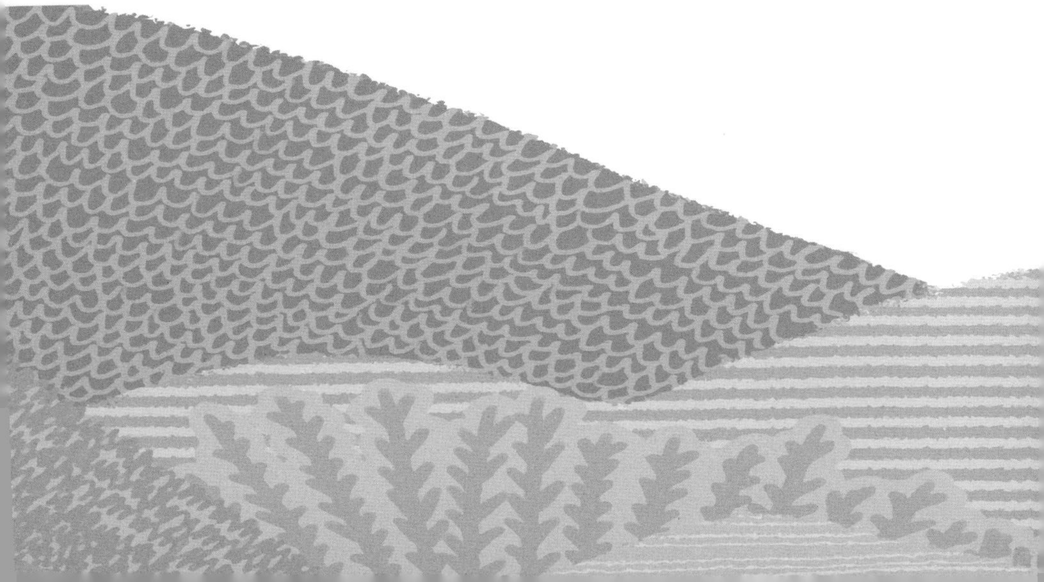

試著擁有自己的時間

「天啊，也許會認不出長相，但妳的聲音一點都沒變。我們多久沒見面了？孩子竟然已經高一了，時間過得真快……。」雖然好多年沒聽到對方的聲音，兩人卻像昨日才見面般地親密熟悉，忘情地聊了好一會兒，彷彿遺忘了過去的時間。不敢相信畢業後大家各奔東西，為了工作、家庭、養育孩子而忙得焦頭爛額，轉眼間竟已失聯超過二十年。想到跨越了如此漫長的歲月，彼此都難掩興奮之情，儘管過去二十年不曾見上一面，但從已屆中年的此刻來看，一切卻又顯得令人耳目一新。如何走過這段日子，心中雖百感交集，卻難以用三言兩語道盡，只能以「歲月不饒人」這句話總結。

大學同學英美，產後想繼續在諮商室工作，卻苦惱於不知該把孩子託付給誰照顧，最後只能辭掉工作，等於是中斷了十五年以上的工作資歷，全心投入養育子女，成為家庭的後盾。此後，她數次嘗試回到職場，但每次都碰上孩子有狀況，只好一延再延，於是決定等孩子大一點再說。

某位四十歲女性，雖然下定決心未來要重返職場，但隨著時間的流逝，越來越覺得社會上沒有自己的一席之地，因而焦躁不安。即便試圖安慰選擇養育孩子的自己，但只要一想到荒廢已久、無法發揮的能力，就感到羞愧。社會並不歡迎或支持工作資歷斷層的女性，就算偶然碰上能夠重新開始的機會，當事人也會懷疑自己能否勝任，甚至因為信心低落，自行放棄手中的機會。過去的夢想與希望不知去向，不僅喪失鬥志和抱負，更認定自己只能當個平凡的黃臉婆，或自認「我的人生到此結束了」，而陷嚴重憂鬱與無力感之中。

多數人會打定主意，等孩子上了幼兒園就要開始工作，但後來可能又懷上第二胎；原本說等孩子上小學、中學後要做的事，也因為每一次的突發狀況又推翻決心而告吹。相較於照顧自己的需求，家人總是第一順位，但媽媽要費心的事，哪裡看得到盡頭呢？英美說，原本想等孩子上國中後，就要著手進行那些被延宕的事情，但現在依然沒半點頭緒，不知該從哪裡開始。她只覺得，十五年的光陰就這樣瞬間飛逝不復返，實在太殘酷。我的夢想與青春，究竟都消失到哪裡了？

以四十五歲高齡通過最後一關司法考試，朴宗賢先生的故事曾蔚為話題。他住在新林洞的考試村長達十五年，將所有青春燃燒殆盡，最後實現了夢想。他的故事，讓無數以年紀與處境為藉口而將夢想放在一旁的人們大受感動，也賦予了他們動力。長時間仰望唯一的夢想，不肯放棄、再三挑戰的他，讓我想起自己在面對小小的挑戰時，總是找盡各種理由輕言放棄，為此我深切反省：我是否曾花上一天，甚至一小時，去好好認識我想要什麼？是否曾埋首去鑽研它，還是嘗試一、兩次就斷定「果然非我能力所及」？是否曾因為不想吃虧，腦袋不斷按著計算機，對挑戰感到卻步……頃刻間，許多想法在我內心冒了出來。

當然，每個人都有自己的苦衷，我不是主張大家都忽視各自的狀況或現實，或不去計較需要花費多少時間，就不顧一切地朝夢想奔馳。我想說的是，僅僅是一天投資一小時在自己身上也行，這沒想像中困難，也不是什麼奢侈的事。

安排自己專屬的時間並不容易，特別是還在撫養幼兒的媽媽，必須全心全意照顧孩子，還得做那些看不到盡頭、做了也看不出來的家事，一整天的注意力就這樣分散了。早上一睜開眼，就要先煩惱今天吃什麼；碰到天氣晴朗的日子，就會盤算是否該洗個棉被；還要四處打聽孩子上哪間補習班比較好、哪裡買東西比較便宜等等，腦海中充滿了需要費心的雜事。

許多女人的內心缺乏活在當下的從容，一心只朝著未來前進，因為她們放眼望去周圍都是需要花費心思的事情；要是再加上婆家或娘家的事，就是有十個分身也不夠用。因此，媽媽們才會認為，安排屬於自己的時間不切實際且相當奢侈。但反過來說，假如已經認定「安排自己的時間徒勞無益」，內心不就會很自然地跟著想法走嗎？所以，即使現況難為，但只要重新去思考，自己是否要繼續失去自我地活著？那些遺忘自我的歲月留下了什麼？豎耳傾聽內心的聲音並修正想法，妳反而會覺得自己的時間只有一小時太短而感到惋惜呢！

在歌手李文世*單獨開演唱會那天，三十年前的少女們再次甦醒，一同哭泣歡笑，一同齊聲高歌，坐滿觀眾席的四、五十歲女性們彷彿歷經時光倒轉，成了當年十幾歲的花樣少女。聽到年少時的偶像寶刀未老的談吐與歌曲時，想必她們一定與多年來遺忘的「我」重逢了。那一刻，我也感受到埋藏在內心深處的少女情懷與熱情不斷沸騰，彷彿從前的我，正在輕聲安慰此刻被家人與日常生活淹沒、被歲月浪濤沖走的心。

那天我親眼見到熾熱活著的能量，「遇見自己」的那一刻，如此地充滿活力。儘管離開演唱會現場、回到名為日常的現實後，一切都會消失，但熱血的渴望確實默默存在於我們內心。它並沒有消失，而是靜靜等待隨時被激發與燃燒的那一刻。

回顧過往，妳會看見自己毫不保留為家人付出的歲月，看見妳拋下自己，忙著以太太、媽媽的身分滿足家人需求的日子。妳可能會認為，那是自己

＊一九八〇年代的韓國人氣歌手，被視為韓國流行情歌的始祖之一，至今仍活躍於韓國樂壇。

能夠付出的愛與義務，並視此為天經地義；妳可能還會為自己用心生活而感到驕傲，但同時又對流逝的光陰感到惋惜。如果妳認為自己活得很用心，卻什麼也沒留下，只感到空虛，那麼妳需要一段完全屬於自己的時間。

試著擁有一小時專屬於自己的時間吧！聆聽年輕時喜歡聽的音樂、重新觀賞《鐵達尼號》的經典鏡頭、重讀三到四頁令自己印象深刻的書籍等等，這些促使體內能量甦醒的時光，都能提供心理安定與活力。妳可以藉此跨出愛自己的第一步，為了活出更美好的人生而扎下更穩固的根基，或是提升內心的振奮感。

是時候做出些許改變了，別再推託唯有緬懷回憶、置身演唱會現場，才能感覺到「我」的價值。不論妳做什麼、怎麼過生活，時間終究在持續流逝。每個人擁有的時間是相同的，剩餘的時間也大同小異，要怎麼度過，全然取決於我們的選擇。要死命追著流逝的時間跑，或是依照我的想法去生活，必須由我們自己來決定。

啟程以後，不要回頭

從前從前，某個村子裡住了一名吝嗇的老人，他的人生字典裡沒有施捨這個詞。某天，一名僧人來到他家，希望他能慷慨施予，老人火冒三丈地將牛糞倒進僧人的背囊，並把他趕出家門。老人的媳婦見狀，覺得過意不去，因而暗地裝了米，追上僧人將食糧施捨給他，同時表達歉意。僧人看著媳婦說：「請立即啟程跨越後山關口，施主才能保住一命。上路時，無論發生什麼事，都不要回頭。」媳婦遵照僧人的吩咐，離家前往後山關口，走了好一陣子，她聽到後頭傳來震天巨響，彷彿天崩地裂一般。那一刻，媳婦違背了僧人的叮嚀，忍不住回頭看了一眼。老人的房子遭雷擊中，逐漸被大水淹沒，而回頭看的媳婦，則在原地變成一尊石像。據說，至今村子裡仍留有從老人家生成的蓮花池，以及媳婦所變成的石像。

這位媳婦的故事，同時也是所有人的故事。它象徵著我們的內心：雖然迫切想要展開新人生，卻因為各種恐懼與眷戀而不時回頭，最後打消了出發的念頭，無力地癱坐在原地。我們都如同駐足在人生道路上的旅者，有人想跨步啟程，最終卻提不起勇氣，只能停在路上；有人正在籌備上路，有人則已經出發、踏上全新的道路；也有人走了一半，卻因為信心不足而頻頻回首、猶豫不決。靜止狀態不必然安穩舒適、令人滿足，無論是在出發前或半路上，驚詫、恐懼、孤單、罪惡感、疑懼與絕望仍會持續阻礙我們的前路。

既然無論是否採取行動，感受都如此相似，那就沒有理由不行動。想要啟程，就應該將一切拋諸腦後，勇敢前行，唯有如此，才可能開創新的人生篇章。倘若妳是那位老人的媳婦，妳會做出什麼樣的選擇？假如有什麼讓妳一再回首，那又會是什麼呢？

在我選擇寫作這條新的道路時，也曾懷抱不切實際的希望與悸動，下定決心要做出改變，但最後卻與初衷背道而馳；懷疑與恐懼因此逐漸滋生，使我經常想衝動回到熟悉的舒適圈而停下腳步。這是任何做出新嘗試的人都會經歷的自然現象，但無論是哪一條路，如果不走到盡頭，就無法預測結果。若是真心想要離開，就算中途曾停下腳步，也不要回頭。

作家申東昕將人分成「小說型」與「民間故事型」兩種。「小說型」的人，屬於沉思與苦惱的類型，想得多、煩惱也多，不敢冒然行動，也容易畫地自限；他們還沒碰到問題，就已經被不安與恐懼籠罩而動彈不得。相反地，

「民間故事型」的人，是行動與樂觀的類型，在思考之前，身體就率先採取行動；他們不會左顧右盼，而是毫不猶豫就出發前行，雖然看起來相當單純且有勇無謀，但下定決心的當下就付諸行動的執行力卻很強。

毫無疑問，我是個百分之百的「小說型」人類；直到我過了四十歲才領悟到，為了改善什麼而嘗試新挑戰時，哪怕只是小小的行動也沒關係，有執行才會有答案。

史丹佛大學心理學教授卡蘿・杜維克（Carol Dweck）主張，想改變人生，就必須改變「心態」（Mindset）。她用「定型心態」（Fixed Mindset）和「成長心態」（Growth Mindset）來說明人生的態度，提到多數人都希望可以成功、過更美好的人生，之所以無法完全如願，就在於定型心態。換句話說，堅信人的資質、人性或才能不會改變，會導致我們與理想人生漸行漸遠。

再怎麼努力，自己的極限和命運都已注定，不可能實現更多心願，這種想法阻礙了我們的改變。想要啟程上路的人，最該防備這種定型心態，因為它會持續對我們悄聲呢喃：「這樣又能改變多少？醒醒吧！不是每個人都能成功，那只有極少數特別的人才辦得到，像妳這麼平凡又懶惰的人，能成什麼大事？老老實實待著，至少還能處於中段班……。」

另一方面，成長心態則相信，只要努力，就能開發自己的潛力，使自己有所成長。經過數十年的研究，杜維克確認了一項事實：在教育、商務、運動、藝術等人生所有面向上，成長心態都是一個人能否取得成功的關鍵。她也指出，認為「功成名就的人，是因為具備特別的才能或能夠成功的基因，所以才和我們不同」的說法存在著謬誤。我們必須屏棄尚未嘗試就先去想像局限的心態，並且要避免低估自己的能力與資質。

重點是，要使妳的心態轉變為成長型，不要讓自己像老人的媳婦那樣，走到一半又回頭。為此，出發之前，妳必須檢視令自己持續回頭的事情是什麼？那多半是長年的信念或舊習：想安於現狀的心態、事前斷定往前走也不會比現在更好、四十歲的人生即是全部的想法，以及到了四十歲還謀求變化，可能會招來社會敵意的刻板印象等等；此外，還會有更多「想法」的路障接二連三阻擋妳的去路。但如同要踏上新的旅途，就必須打包新的行李，為了使四十歲成為人生的轉捩點，嶄新的心態絕對不可少！

丟掉以空虛生活逃避自己的習慣

身處快速變遷的世界，有多少人是不忙碌的？就算不忙碌，在他人眼中也必須看起來很忙碌。嘉熙過著表面上十分忙碌的生活，雖然是全職媽媽，但忙著參與女兒的學校活動，還有教會、學生家長活動、圖書館義工等各種聚會也從不缺席，沒有一天待在家。每次有人請她幫忙或約見面時，她從不推辭，所以回到家經常已是精疲力竭。我問她，為什麼不留點力氣做家事、陪孩子玩耍、替孩子檢查功課和準備家人的晚餐呢？她說，因為一個人在家時，心情會很憂鬱，所以習慣製造出門的機會。

另一位全職媽媽善英，則與嘉熙恰恰相反，因為太過清閒，所以早上送老公和孩子出門後，睡覺就成了習慣。她怎麼睡都睡不飽，也缺乏做任何事的動力，整天躺在床上，直到老公和孩子回家後才懶洋洋地起床。這種日子過久了，心情有如逐漸增加的體重般變得沉重。因為很厭惡看到這樣的自己，所以整個人更加憂鬱了。

嘉熙與善英，乍看下好像不同，但進一步會發現兩個人的「我」，都在人生的中心缺席了。子女年幼時，生活以孩子為中心運轉，經常被時間追趕得疲憊不堪，自我瓦解的感覺因此乘虛而入，讓人感到心靈空虛與憂鬱。不是以「我」的姿態存在，而是「為了某人」存在，這種負擔與責任感的壓迫下，害怕失去自我的不安感悄悄萌生。比起對未來懷抱希望，更多時候她們擔憂枯燥、疲憊會永遠持續下去，這種恐懼與茫然，導致人生變得有氣無力。儘管如此，在還能用自己的雙手與愛來養育幼子時，疲累生活會有安慰，也能意識到自己存在的必要性。

然而，當子女升上小學高年級、進入青春期後，過去以孩子為中心而馬不停蹄的日常，開始慢慢出現空白。曾經纏著媽媽不放的孩子，不知不覺間變得只想一個人待著，或是和朋友在一起；相較於媽媽替他做的飯菜，更喜歡和朋友們在外面吃的東西。隨著空白逐漸擴大，在某一刻，會冷不防地與空洞的自己撞個正著。

我也曾經有過那種時候，想到自己孤零零地被留下，就變得意志消沉、有氣無力。老公去上班，女兒去上學，他們每天都有固定要去的地方，只有我無處可去，必須默默守在家裡。自己彷彿成了一心等待主人回家的狗，哀傷落魄、一無是處。

老公可以藉由努力工作得到升遷，女兒每年也可迎來新學年，只有我，沒有任何看得見的成果，持續在原地打轉。老公與女兒的成長，再也無法為我的人生帶來安慰。因此，我沒有放棄學習中文，在中國時也持續為僑胞諮商、上課，為的就是不失去「我」所做出的迫切選擇。

無論是誰，猛然撞見自己時，看到自己窩囊、沒出息的模樣，就會選擇漠視這一切，尋找逃脫的出口。有人會往外跑、有人會對子女變得更加偏執、有人用睡眠逃避、有人以酒精麻痺自己，還有人靠購物來排解；威脅「自我」的那片空白大小，會讓每個人尋找逃脫出口的企圖有所不同。大抵來說，四十歲女性即便表面上看起來若無其事，內心其實一直飽受空虛與不明飢渴所折磨。

此時的妳，又在尋找什麼樣的逃脫出口、極力想要逃離什麼嗎？假如妳無法在世界上找到存在的必要性，想靠空虛的日常生活來逃避，那就必須趁路尚未走得更遠之前，回歸到「自己」身上。因為無論再完美的逃脫出口，只要中心缺少「我」的存在，就永遠無法消除空虛的飢渴。

乍看下，全職媽媽似乎很享受人生，過著光鮮亮麗又從容優雅的生活，但與她們單獨見面、傾聽她們的內心話後，就會發現許多人都無法從自己的人生中獲得滿足感。不論有無職業，對四十歲以後的人生感到空虛、無聊、悵然的情況都是相同的。希望沒人會把這樣的生活稱為中年危機，因為多數女性經歷的這種心理痛苦，無法單純用「中年危機」的框架來解釋。

許久以前，心理學家就不再把中年視為危機，反而認為中年是可以開拓人生新領域的轉捩點。假如人生上半場努力奮鬥過了，此刻需要的，不過是準備下半場的作戰時間罷了；假如過去也不知道自己的目的地或方向，只是隨波逐流、氣喘吁吁一路奔馳，那麼現在需要的就是調整呼吸、重新調整人生方向。按照他人的方向、社會的期望與趨勢，可能讓人感到安全自在，甚至會產生這種普遍化的生活能保障安穩的錯覺；但來到人生轉捩點時，若依然任由時光白流逝，那麼這就與沒有人生目的、居無定所的流浪者無異。沒人知曉，在那漂泊的盡頭會有什麼，又會抵達什麼地方。

即使不想面對、心懷恐懼，仍要拿出正視的勇氣，不要迴避總是想躲進內心深處的懦弱，以及怎樣都無法填滿的飢渴與空虛。我們必須弄清楚，那種懦弱與飢渴，究竟是源於自我貶低——覺得自己不足、沒出息，還是長年以來習得的恐懼？這種自我評價與恐懼，都是為了逃避日常生活的推託之詞，唯有放下它，才能好好正視此刻的「我」，進而深刻理解自己的需求，並為此尋找積極且實際的方法。

與舒適的日常
保持些許距離

投資在自己身上的消費，不分年紀，一輩子都需要，也是必須有意為之的事情。因為我們的人生不屬於他人，而是「我」的人生、「我」的生活。當然，不是要大家時時刻刻處於消費狀態，也不是要女性用名牌或價格不菲的物品打扮自己，而是說，如果妳想讓日常生活變得更加豐富，可以更常享受花在自己身上的消費。

我常被朋友們說沒有物欲，因為我對打扮或治裝沒有太大的興趣，也不太會把錢花在這方面。我的消費習慣是只買必需品，買了就會長期使用，所以也沒必要買很多。這種低欲望的消費習慣，讓我在離開中國時，完全沒帶上別人歸國時經常大量採購的珍珠飾品與羊絨，唯一拿來當歸國禮物的，就只有一個山寨版皮包。回國後偶爾外出時，不免心想「如果有條珍珠項鍊和耳環就好了」而感到有些懊悔。

過去，「投資在自己身上是美麗奢侈」的這種想法，與我的生活八竿子打不著，但我最近開始慢慢做出嘗試。有一次，我去了昂貴的專業沙龍，做了剪髮、染髮和燙髮三個項目，親朋好友的反應固然很熱烈，但最讓我感到開心的，莫過於嘗試大改造的自己。此外，去餐廳時，如果有想吃的食物，就算價格高昂我也會點來吃；或是去氣氛佳的咖啡廳，一邊啜飲卡布奇諾，一邊悠閒享受屬於自己的時光。就像這樣，投資在自己身上的消費變得很自然。偶爾也去按摩，讓身心徹底放鬆；或是到指甲店做美甲，也能帶給自己小小的喜悅。當然，對某些人來說，這也許是輕而易舉的事，但對消費總是以家人為優先的女性而言，這類消費行為正是名副其實的「奢侈」。必須提醒的是，這類消費不應只停留在提供短暫的慰藉、快樂與誇耀的層面，否則只是為了填補孤單或空虛的過度消費。如果消費的那段時光能為自己的日常注入活力、為生活帶來喜悅與充實感，那麼這種「投資在自己身上的奢侈」就會成為我的必需品。

作家孔枝泳《給女兒的食譜》（딸에게 주는 레시피，暫譯）一書，是以書信形式記錄了媽媽想傳達給女兒的故事，以及與之呼應的食譜。當中最令人印象深刻的，是作家建議女兒一個人吃飯時絕對不要馬馬虎虎地打發，而是要在餐桌鋪上美麗的桌巾；即便只是簡單的料理，也要與紅酒一同搭配享用。總歸一句話，就是要珍惜、疼愛自己的意思。儘管每天實行有困難，但我偶爾也會這麼做，不見得要等到邀請、招待珍貴賓客時才擺宴席，只要花一點誠意對待自己，也能讓自己擁有受到款待的心情。

每個人都有享受美麗奢侈的資格，多提供可以增進自身價值、品格，以及大方對待自己的機會吧！給自己與他人最好的禮物是「時間」，假如妳一直願意花時間陪伴家人與深愛的人，那麼也給自己一段這樣的時光吧。

善英是位全職媽媽，有兩個讀小學的兒子，她向我訴苦說完全沒有屬於自己的時間。每天早上兩個兒子上學後就忙著打掃家裡，就這樣度過了兩小時；下午又忙著買菜或替孩子們做點心，連看一集電視劇的時間都沒有；加上最近必須代替晚下班的先生承擔父職，一整天下來過得十分緊繃。她是個為孩子、為幸福家庭竭盡全力的人，參加心理學課程的契機，也是希望彌補自身的不足，成為完美的媽媽和妻子。這樣的她，某一刻突然意識到需要一個空間和時間，好將心力集中在自己身上。於是她決定等孩子們入睡後，在靜謐的夜晚，一個人待在溫暖的洗手間度過專屬的時光。隔週我們相見時，我無法忘記她的表情，她像個孩子般高興地說，從沒覺得洗手間如此溫馨舒適。她用恰到好處的燈光搭配香氛蠟燭轉換氣氛，並於馬桶下方鋪上全新柔軟的地毯，再擺上一張小型書桌，放上想閱讀的書當作布置。如此，洗手間搖身變成令人耳目一新的獨立空間，也成了她專屬的雅緻空間。

像這類能夠讓日常生活換氣、可以獨力完成的小事，生活中不勝枚舉。像是閱讀喜歡的雜誌或書籍、觀賞喜歡的節目、聆聽廣播或 Podcast 節目；並且這一刻，不妨替自己準備充滿香氣的茶或咖啡，再搭配香甜可口的餅乾。沒必要做到很完美，也不必然要尋找符合自己性向或以喜好來賺錢的意圖，而是非常輕鬆地去嘗試自己想做的事。只要能使自己的故事更加豐富，做什麼都無妨；只要能暫時放下日常生活中熟悉的模樣、讓自己煥然一新，無論什麼都很好。假如覺得在這個年紀毫無新鮮感，也不再有興奮悸動的感覺，那意味著生活過得十分舒適，也別太苛責安逸的自己。

取而代之的是，改變身體已經習慣的方式。如孔枝泳所言，別因為自己一個人在家，就穿著舒適的運動服，即便多少有些不便，也要暫時穿上漂亮的衣服。如果外出時經常是自己開車，那就改搭大眾交通工具或走路。即使是相同的食材，只要使用不同的調理方法，也能創造出新滋味，不是嗎？只要像這樣重組日常生活中俯拾即是的小小刺激，就能使生活充滿豐富的故事。

提防忌諱年齡
而打消念頭的心態

有一次，偶然聽到電台主持人裴哲秀在 MBC 廣播上說「世界是一所浩瀚的學校」而豎起耳朵。我們從出生到死亡，都在一所名為「世界」的學校裡學習與成長，我們無法有條件地學習，世界會教導我們意想不到、甚至是完全不想學習的東西。它猶如一個殘酷的實檯，還沒來得及判斷能否學到什麼，就要妳從中找到學習的教訓。它時而像在嘲笑我們輕率的想法，時而會在背後捅我們一刀，彷彿一切都不是我們能決定的。然而人們經常會產生錯覺，認為自己做的判斷相當理性、合理——這樣做能皆大歡喜吧？這樣做孩子們就會健康長大吧？這樣做就能成為好妻子、好父母、就能出人頭地吧？直到日子久了，我們才領悟到這樣的判斷只是錯覺。

人類並非那麼理性的動物，多數時候會按照直覺或遵循的信念做判斷，並誤以為自己做出很正確的決定。固執程度會隨著年紀而增強，受困在自己的邏輯中，最終變成不折不扣的老頑固。陷入錯覺的人們，感受不到學習的必要性，就會使人生掉入墨守成規的陷阱。

持續不懈朝著自行設定的目標前進，不僅可以達成預期目標，也有助於提升整體生活品質，這是為何我們要終生學習與成長的原因。想學習、想成長的渴望，是所有人的普遍需求。「世上的人並非區分成強者與弱者、勝者與敗者，而是分成想學習與不想學習的人。」知名政治學者班傑明・巴布爾（Benjamin Barber）就曾這樣強調生活中滿足學習需求的重要性。

針對老化提出古典理論的心理學家保羅・巴爾特斯（Paul Baltes）與瑪格麗特・巴爾特斯（Margret Baltes）曾說：「只要持續設定目標並集中注意力跟著前行，就能使健康與幸福維持到老年。」不要因為年老就成槁木死灰，即便是現在，也要重新去思索，編織夢想、努力實現夢想，對我們的人生來說有多麼重要。幸福不是完成後才能體會的東西，而是存在於一輩子所獲得的經驗中。

說到要終生學習，但應該如何學習，多數人不知從何著手。知識與智慧不同，學習心態的重要性也不亞於學習的內容；事實上，能夠學習的東西比比皆是，我們卻抱怨學習機會不足，以此為藉口。這世界公平地給每個人一天的時間，有人虛度一天，有人則充實度過一天；也就是說，每個人每天都會得到學習新事物與成長的機會，這一天，絕對不會與昨日一模一樣。所以，當我們獲得一天，就等於得到機會，能夠活出有別於昨日的今日。

《今天暫時停止》（*Groundhog Day*）這部電影，講述天氣預報員比爾・莫瑞（Bill Murray）過著無限重複的一天，人生卻有了一百八十度的轉變，說明了一天可能會成為禮物，也可能會成為煉獄——這取決於人們如何看待日復一日、微不足道的日常。

活在不曾挨餓的時代，我們已然習慣舒適與安樂。任何人都認為變化是必要的，每過完一年就會制定新年目標與執行計畫，但人們卻反覆犯下相同失誤，彷彿什麼事也不曾發生過，徒留無法實現的計畫。撇除非改變不可、極為迫切的情況不論，理想計畫通常無法輕易化為可立即享受的舒適感，而來自舒適的誘惑又是如此強烈，在我們試圖學習新事物時，就成了絆腳石。

每當需要全新刺激、下定決心要重懷好奇心觀看世界時，周遭的人就會說：「有必要過得這麼辛苦嗎？這是自討苦吃。」聽到這種話，我就會怪罪自己太貪心，並告訴自己舒適的生活很美好，而努力壓抑自己的渴求。但每一次，我都甩不掉感到停滯的心情，因為我明白身心的舒適自在，不必然會帶來幸福。

住在日本長野縣年過八十歲的爺爺堀內辰男（Tatsuo Horiuchi），在Youtube頻道上展示使用Excel軟體繪圖的影片。使用Excel這個文書軟體來繪圖已讓人佩服，畫作本身的美麗細緻更是讓人驚豔不已。儘管他從年輕時就對圖像藝術興趣濃厚，卻因為繪圖軟體十分昂貴，不敢妄想購入，只好決定使用Excel作畫；更令人詫異的是，他挑戰這項夢想始於六十歲以後，而過去他從來沒使用過Excel。爺爺曾經遭到嘲笑，說他有勇無謀、老了還在做些沒用的事，但持續挑戰下，他在二〇〇六年的Excel藝術競賽中奪下了第一名。學習不曾使用的軟體，直到完全上手為止，需要持續傾注多長的時間與精力呢？爺爺永不放棄的堅韌與毅力精神，讓每個人都變得謙遜起來。是爺爺那份單純卻強烈的渴望與行動力，引領他走向頂尖。

「如果現在開始了，也不知道什麼時候會結束，與其半途而廢，不如一開始就不要做吧？事到如今才要學，又可以用在哪裡呢？不要去做擺明是浪費時間與金錢的事比較好。就算學了，之後就能做得好嗎？」倘若至今妳仍然抱持這種想法，那麼，想想堀内辰男爺爺吧！不要去計算自己想學的事情需要耗費多少時間，又能夠做到什麼程度。學習的行為原本就與年紀無關，卻拿年紀來打擊下定決心要學習的心態，就好比拿「巧克力是小孩子吃的」來看待吃巧克力這件事，都是在形塑偏見。

降低人生的速度

教宗方濟各曾對年輕人說：「不要陷入社交媒體或電視中『虛假人生』的誘惑，而要成為真正的人生主角。」何止是年輕人，最近不受社交媒體影響的人有幾個？隨著人們流行將記錄日常生活的照片和文章上傳至社交網站，每個人似乎都被呈現在大家面前的「我」所迷惑了。教宗告誡大家，要「成為自我歷史的主角，自行決定未來」，同時也「不要陷入名為現實的虛假形象中」。我們向來會狂熱於非真實的角色，看著虛假的形象獲得慰藉、孕育希望。

我對於將自己的日常生活攤在大家面前不感興趣，但不同於我，周遭多數人們在旅行、光顧美食餐廳、購買漂亮衣服或飾品後，會將這些日常生活的文章和照片上傳。這種方法固然可以告知大家「我」的存在，成為彼此溝通的管道，尤其是無法經常見面的熟人。從這點來看，不得不為技術的發達感到讚嘆，時而也會把活在這樣的世界視為一種祝福。

只是，當我發現社群媒體上清一色是炫耀自己的貼文時，內心感到相當遺憾。當然，有多少人會想把自己的不幸昭告天下呢？炫耀絕非壞事，但過頭了，就不免讓人看了皺眉頭；甚至不禁認為，貼文的人彷彿在與他人競爭，藉由貼文向眾人傳達「只有我這麼享受，過得如此幸福」的訊息。倘若對大家的認同與回應上癮，使自己的世界充斥令人欣羨的內容，最後就會遺忘自己本來的面貌，與真正的交流漸行漸遠——因為那不過是以理想中的自我形象來包裝而已。

為何在他人面前呈現自己時，如此戰戰兢兢、如履薄冰呢？我們展開無盡的追尋，想知道怎麼做才能變得更幸福；大家使盡了渾身解數，想將遠處的「幸福」納為囊中物。然而，幸福不是可以擁有、也不是必須擁有的物品，更不是某種可以創造或必須爭奪的東西。它既無法捏造，也無法包裝。

與其竭盡心思，不如靜靜停下來感受。河水只會因為不停掙扎而化為混濁泥水，所以就放任不管吧！停下所有作為，站在此刻的位置上看看，就可以看清河底的風景——那是在奮力掙扎時看不見的景象，同時也能感受到水流碰觸身體的觸感。試著撫心自問，我是否不知該往何處去，不知為了什麼而前進，只是一味地掙扎活著呢？

「減緩速度，享受人生吧。走得太急，錯失的不只是周圍風景，而是會不知道自己往哪去，又為什麼要前進。」美國喜劇演員艾迪．坎圖（Eddie Cantor）的這句名言，說明了重要的不是速度，而是方向。我想問的是，妳是否在學業、戀愛、婚姻、育兒、成功、幸福，甚至是自我成長各方面，都像在競爭般，只顧著眼前而埋頭奔跑呢？

許多女性將打造幸福家庭設為目標，成了一棵為家人無私付出的大樹，我也不例外。女兒生病時，我的生活會跟著停擺，一心只為孩子奉獻，但等到我身體不適時，卻無法放心下來，好好生一場病；不，我連生病的空暇都沒有。在中國旅居時，有一回女兒得了重感冒，沒辦法上學，一整天都待在家。在韓國因為醫院眾多，可以挑一間前往，且醫療費用便宜、診療程序簡單，所以生病時與其忍耐，不如直接到醫院報到。但在中國，就算生病了，要去醫院也不容易，不僅診療系統相當草率，醫療技術也不足，費用更是昂貴，讓人對醫院退避三舍；若是口碑好，有時則必須承受兩小時的等待。因此多數情況下，我們是靠著服用韓國感冒藥或民間療法度過生病。女兒已經好幾天睡不好，病了一週左右總算痊癒，但康復的喜悅只是一時，因為就在女兒病情漸有起色，緊接著換我先生患上感冒。雖然不需要像女兒那樣悉心照料，但我記得當時也煎煮了改善感冒的茶飲，隨時待命。

就這樣過了兩週，我的耐心已經到極限。不分平日假日，我連生病的空暇都沒有，必須殫心竭力地當一棵為幸福家庭無私付出的大樹。我忍不住感慨自己的命運，並大肆抱怨。到頭來我才發現，過去的我只是為了幸福家庭、為了成為好媽媽與好太太，而戴上「如大樹般無私付出」的面具而已。那一刻，我想起婚前初次拜訪公婆後，從先生口中得知婆婆說我「確實滿善良的，只是看上去沒有狠勁」，我彷彿是被那句話牽制，認定「當媽之後就要夠帶勁、夠強悍」而拚上了全命。可惜換來的不是幸福，而剩下的，只是滲入骨髓的自我瓦解與無力感。

瑞秋．歐蜜拉（Rachael O'Meara）是《人生需要暫停鍵》（*Pause*）一書的作者，她曾向只看著眼前、分秒必爭而耗盡能量的人建議，讓自己的人生按下暫停鍵。暫停一下，指的是有意識地改變行為，進而引導態度、思考、情緒等精神上的變化。歐蜜拉說：「與體恤某人同等重要的，正是體恤『自己』。」

過了四十歲後，為了消化在各個位置上被賦予的角色而全力奔馳的女性，也需要暫停一下。儘管不想承認，但無論是戴上他人眼中看來美好的面具，或是深信能為所有人帶來幸福而自行打造的面具，我們確實都為了在虛假的人生中活下去，而傾注了許多時間與精力。

當你察覺外在成就與內在感覺不同時，會聽到內在的聲音說：「我明明按照世界的要求認真生活了啊，這是怎麼一回事？為什麼一點都不開心，覺得這麼空虛呢？」這種感覺就像是內在我蜷縮地哭喊著：「回歸自己身上吧！」碰到這種時候，就要大喊「停止」，並準備好迎接內在的吶喊。

拋下把一天視爲理所當然的想法

今天的妳過得如何呢？與昨日沒什麼兩樣，與明日也半斤八兩，沒有任何名字、也沒有任何意義的「今天」，美國作家芮吉娜・布雷特（Regina Brett）卻稱之為「最特別的一天」。我想再次強調，「此刻」是如此珍貴而有意義。

「不要只在人生的課堂上旁聽，現在就走到前面，將人生發揮到極致吧……點上蠟燭，使用上等寢具，穿上高級的內衣吧……別把那些東西留給特別的日子，今天就是最特別的一天。」

我們懷著對過去的悔恨，以及對未來的不安，因而錯過珍貴的一天。這樣的我們，需要將力量集中於活生生的當下，並在忠於此刻生活的同時保持彈性。就算感到枯燥乏味，也不要覺得每一天都在荒廢度日。曾經短暫抽離日常的人就會明白，日常生活猶如常伴左右的空氣，人們經常無法體會它的珍貴，但只要跳出來看，就會發現最令人懷念的，正是那微不足道的日常。

在陌生的中國土地上，很神奇地，是我的物品安慰了我的孤單，而不是人，這是千真萬確的。先生去公司，孩子去學校，剩下我一人在空蕩蕩的家裡，腦中不免出現「我為什麼來到這裡？又在這裡做什麼？」的疑問，自我認同也跟著動搖。那時，跟著我飄洋過海的個人物品開始有了不同的意義，尤其是享用三餐時見到的碗盤、餐具、鍋子等老舊的廚房用品，無疑是和我長年並肩作戰的摯友。因為時間久了過於習以為常，理所當然以為隨時同在的日常，只要用放大鏡仔細探究，或用全新的視角觀看，日常也會顯得陌生起來。

曾經有段時間連續多日遭逢霾害，直到某天霧霾濃度降至標準，我在晚上八點後到超市的途中，發現霾害那時空蕩蕩的公園裡，如今有不少人在散步或運動。看到長年霧霾籠罩而灰撲撲的天空難得出現了皎潔明月，我安心地做了一次深呼吸，當下心情非常好，又心存感激。我不禁想到，能夠看著明亮的夜空，盡情地大口吸入乾淨的空氣，真是一份天大的禮物。盡興走路的樂趣、看到好久沒見在外頭嬉戲或騎自行車的孩子們、享受快走的夫妻檔、人們牽著小狗出來散步的模樣，我甚至覺得整個世界看起來如此溫柔親切、美麗動人。

實現生活的小確幸，或許能從珍惜日常的小地方、對生活心懷感謝之中找到解答。日常生活，就是我們原封不動、每天呼吸的生活現場。要改變日常生活，如果缺少持續不懈的努力就很難達成；而若鐵了心要做出改變，卻又太過勉強自己的話，也很容易疲乏，因為下定決心後，會被囚禁在自我評價的牢獄中，不斷確認自己是否竭盡全力。因此，我們需要的是像呼吸般、自然而然地去覺察生活。雖然每個人都會呼吸，卻沒什麼人會去覺察自己是怎麼呼吸的；對待日常生活的態度也是如此。虛度日常，就等於虛度整個人生。我們視日常為理所當然的存在，就會感到單調乏味而倦怠；比起去愛這種倦怠感，珍惜日常也許是比較容易的捷徑。回想此刻令人感謝的事吧！我敢肯定的是，越是心存感謝，值得感謝的事也會越多。

「今天，是你餘生的第一天。」

這是有人曾經說過的一句話。妳有充分的資格說今天很特別，當然也有輕描淡寫的自由，說今天只是個平凡的一天——這全然取決於妳的選擇。從今天開始，試著替每一天下個相襯的標題吧！

• 第二部曲

女人四十，
該開始的是……

Chapter 3

將剩餘的能量傾注在自己身上

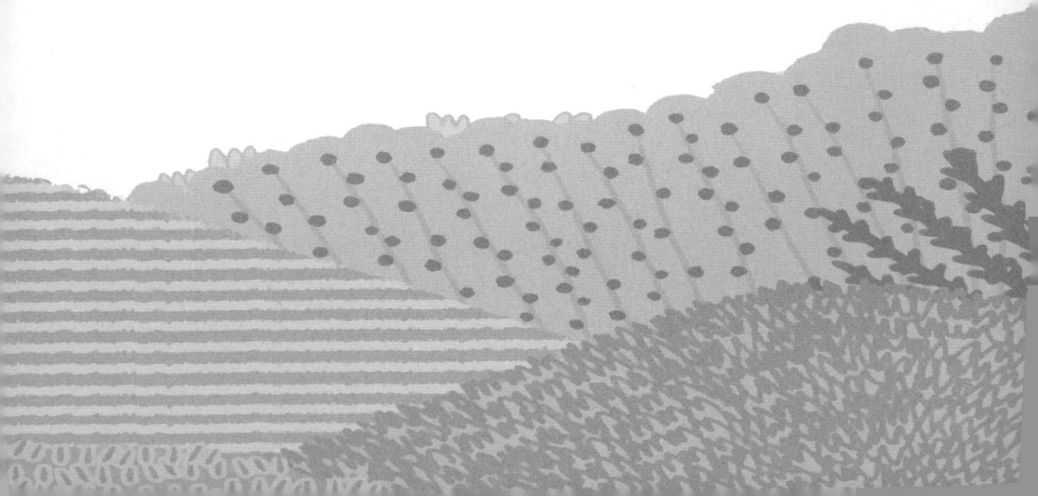

也許，包括人生的下午在內，
直到仰望夕陽的瞬間爲止，
所謂的人生，
都是一個難度高深、學無止境的永恆謎團。

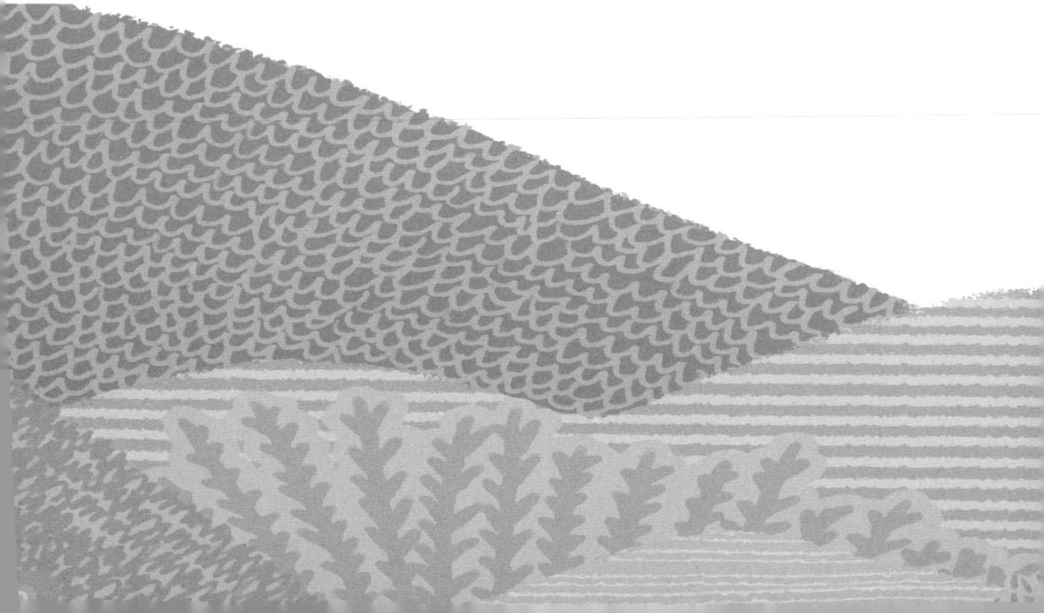

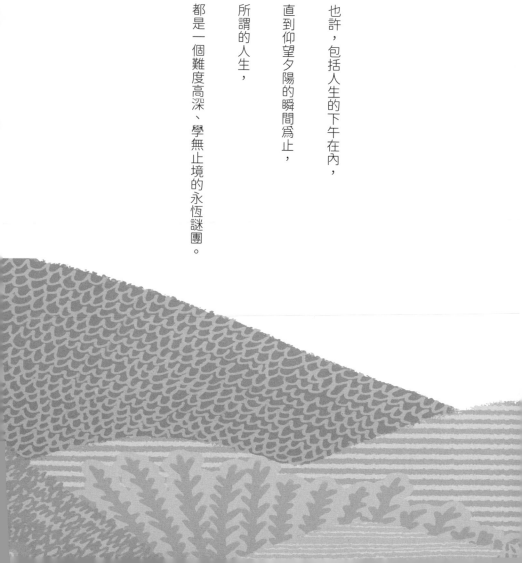

準備人生的下半場

「無法依據人生的晨間節目來度過人生的下午。因為，早晨時曾經很偉大的東西，到了下午就變得一文不值；早晨時曾為真理的東西，到了下午就成了虛假。」

——卡爾・榮格（Carl Jung）

或許，我們不需要有誰的指示，也會老實認分地遵循人生的晨間節目，度過現在的時間。「這不是我想要的人生」、「夢想？這把年紀還談什麼夢想？我現在已是風中殘燭、凋零之花了，只能成為孩子的後盾，看能不能幫他們找到夢想」、「真不曉得該怎麼度過餘生」、「雖然認真活到了現在，但只要想到未來，還是會心生畏懼、茫然不已，可是又有什麼辦法呢？人生就是這麼一回事嘛！」這都是我們身邊耳熟能詳的話語。

女人四十，我們才過完人生的上午，還有一半的餘生要過。我們應該要做大掃除，將蠶食我們人生的舊習驅逐，以嶄新的心態迎接人生的下午。人生的變化，全然取決於我們面對的態度；請檢視人生的晨間節目，將該留下與該拋棄的內容整理出來。榮格將四十歲的危機感視為一種自我治癒的過程，而非心靈生病的症狀——他反倒認為這是心靈健康的證據。

假如妳回顧至今的人生，產生了「不能再這樣下去」的危機意識，被不安與混亂包圍，這種心態是一個健康且自然的訊號，代表妳的人生需要變化與重新調整，妳替人生尋找新平衡的時機到了。

失去自我的喪失感，同樣是必需的健康訊號——為了讓我們活出更有意義的幸福人生。就像時機到了蛇會蛻皮一般，四十歲後的我們，也要褪下積習已久的角質，展開能讓新皮膚長出來的自我探索。此刻，為了剩下的旅程，我們必須放下多年來不必揹負的包袱。

凝視一去不復返的人生上午時，妳有什麼樣的想法和心情呢？妳可能會為過得很棒的自己拍拍肩膀，說聲「辛苦了！」有些人，則可能在回望過去時，反芻令自己懊悔、遺憾的事，或是湧現懷念、惋惜的回憶。儘管和他人一樣認真生活，卻可能會有莫名的空虛感排山倒海而來；或是妳可能會唉聲嘆氣：「那時是如此美好，現在的我為什麼是這副德性？」我們明知無法挽回，卻總是忍不住反覆咀嚼過去，沉浸在悔恨之中。

可是，懷著明確的人生方向與遠大願景一路奔馳的人，究竟又有多少呢？要在人生的上午時光體驗這個世界、向這個世界學習，少不更事的我們真的做得到嗎？這並不是任何人的錯。也許，包括人生的下午在內，直到仰望夕陽的瞬間為止，所謂的人生，都是一個難度高深、學無止境的永恆謎團。此時我們能做的，不是依照程式設計繼續過著不成熟的人生，而是針對「該如何活下去」展開省察。若能豎耳傾聽自己的聲音，就能使下午減少一些悔恨，不是嗎？

思索直到四十歲
才看得見的風景

「不曉得是否年紀大了，即使面對雞毛蒜皮的小事也會輕易受傷、暴跳如雷。看到不知何時增長的皺紋，就開始害怕照鏡子；加上越來越常健忘，心想該不會這麼早就得老年癡呆症？力不從心真的很哀傷。與老公也無法對話，早已形同陌路；看著孩子們逐漸長大，想到自己人老珠黃，心情就鬱悶。」這是經常從前來諮商的四十歲女性們口中聽到的話。她們婚後馬不停蹄奔波至今，轉眼間發現孩子們已長大，自己的青春卻在不知不覺中逝去，一想到人生是否開始走下坡，不免悲從中來。突然撞見自己的模樣，必定會受到驚嚇，也會自憐自艾。儘管不再年輕，卻也稱不上年老，只是感到自己全數耗盡，此刻彷彿剩下軀殼，無比空虛。想到喪失了年輕、自由、成就、個性等這些能夠形容「自我」的一切，心情頓時跌到谷底。

但是，難道只有失去嗎？儘管失去了界定「我」的東西，我們也應該體認到，此時的自己包含了拓展後更深沉的「我」才對。不要只是想著妻子、媽媽、媳婦、女兒的角色遮掩了「我」的存在，可以試著探索在各種脈絡中出現的「我」。去檢視這些不一樣的「我」，必然會發現此刻的「我」比過去更加寬闊柔軟。過去認定的「自我」並沒有萎縮，而是在人生中以不同角色與他人相遇、相處後，變得更加包容，這就是「自我」的拓展。

「您結婚了嗎？看起來好像還沒，也不像有孩子了。」三十幾歲時，這也許是從他人那裡聽到最中聽的稱讚了。不過進入四十歲以後，已經能坦然接受自己從頭到尾都是中年的模樣，沒有刻意或努力這麼做，而是潛移默化、自然而然就如此。況且平時也不會特別意識到年紀，刻意說出來，反而尷尬難為情。我也不是歡天喜地迎接四十歲的到來，但也不到深惡痛絕或恐懼萬分，因為來到年輕時難以想像的四十歲後，有所頓悟的事情也不少。

有別於二、三十歲彷彿被追趕般不停地奔走，我現在確實找到了某種程度的從容與安定。新婚初期經常因小事而與先生爭執不休，現在也已經平靜自在許多；加上孩子也到了自動自發的年紀，不必花費太多心思，婚後要有這種餘裕並不容易。儘管因為雙方父母年事已高，健康或財務狀況要傷腦筋的事情變多，女兒也進入青春期，有許多要留意的地方，但內心卻有了「無論怎樣都會否極泰來」的信念與勇氣。即便生存不易，在伸手不見五指的不確定之中，依然會焦慮不安，但比起為了尋找解答而苦惱徬徨的年輕時期，此時的我靈活許多，看待他人或人生的視線比從前更柔和，處事也更加圓融了。

但是，「中年危機」、「危機的主婦們」、「更年期症狀」等這些說法，讓人很難用正面的角度看待四十歲，因而產生岌岌可危、即將崩塌的不安感。儘管無法說中年是非常愉快的時期，但年屆四十歲的女性們知道，它也不盡然是令人畏懼、絕望不已的。當然，有時妳會想逃離現實，或迫切地需要獨處，但過往累積的心理韌性，以及透過歷練所獲得的智慧，將成為四十歲女性的一項武器。

「時間過好快啊，但妳還是老樣子，怎麼一點都沒變呢？」聽到許久不見的人說出這種不帶真心的稱讚時，多半會感到很空洞。年輕無法追回，若依然盼望留住昔日模樣，這種心態會對四十歲的生活造成妨礙。猶如幼兒穿上寶寶裝、學生穿上校服一樣，四十歲也有適合四十歲的服裝。此外，越是懂得如何穿搭四十歲的衣服，妳就會顯得更有魅力。就此停止唉聲嘆氣、一心祈求找回失去的青春吧！否認生出皺紋與失去彈性的肌膚，或胡亂穿上流行的服裝，並不能重返青春。不是要妳不打扮自己，而是不要犯下因小失大的錯誤，只執著在失去的事物上，卻忽略了其他美好的面向。正如韓國喜劇電影《詩人與少年》（*The Poet And The Boy*）的台詞所言：「若年輕是恣意妄為的美麗，那麼四十歲後的妳，可以因為真實而美麗。」

聽見心中的答案

這世上有許多想要改變、挑戰與夢想能夠成功的人，社會上也充斥著以變化、挑戰時代為關鍵字的箴言，例如「想要出人頭地，就應該這樣做」、「勇於嘗試改變」等等。然而作家普魯斯特（Marcel Proust）在《追憶似水年華》中說道：「真正的探險之旅不在尋找新風景，而是能用新的視角去欣賞。」

名為人生的旅途亦然。假如妳為了更美好的人生，正在尋找新穎、精彩的事物並為此傍徨，那就必須先改變妳持有的視角。無論是多麼中肯的金玉良言，如果變化的出發點不是始於內在，一切也只是虛有其表。

從過去至今，俊昊都是按照父母或前輩的指引選擇未來志向，儘管他天性適合讀文科，卻在父母勸說下，為了往後求職順利而讀了理科。這個選擇當然不適合他，於是他遵照前輩意見，挑戰了公職考試；後來又聽從軍隊學長建言，萌生了「當老師」的念頭。然而退伍後復學的他，卻沒有半點動力、意志消沉，就連必須繳交的報告，也沒有信心做好。問題在於，迄今為止他從來沒自行做過任何決定，就連此刻踏入諮商室，也是希望值得信任的諮商師可以代替他做決定。但是沒多久，他就發現企圖走捷徑的想法反而導致他寸步難行，持續在原地打轉。

妳是否也在等待信賴的某個人來引領自己呢？倘若妳還在推託時候未到，等待著足以令自己振作的「特別契機」，那麼請打破這樣的幻想。面對形形色色的人生，我們怎能將不是自由意志所選擇的生活，稱為「屬於我的人生」呢？

從事諮商工作時日久了，我發現大部分的人都會在回顧過往人生時，沉浸在悔恨中，因為他們急於傾倒過去人生所帶來的痛苦。然而，充滿後悔與哀嘆的回想毫無意義，唯有對「我的選擇」負起責任，拿出往後要過出不同人生的意志與改變的勇氣，回顧過去才有意義。為了讓四十歲後的人生出現變化，必須回想過去是怎麼走來的，並且需要保持第三者的眼光，退到遠處發現自己的錯誤，然後冷靜思索需要改變的部分。

對太京而言，子女雖是人生的原動力，但她並不想失去自我。因為遇見了很有能力的先生，擺脫兒時家境不富裕的生活，所以她認為自己婚後過得不比別人差。但是幾年後卻遭遇破產危機，她手中握著的希望之線鬆脫了，超過十年，她都沒能從經濟的困境中走出來。什麼工作都做過的她，卻說出了讓人訝異的話，她說，當初要是只以子女為中心過活，絕對無法用正常的精神狀態撐下來。她因為貧窮而必須與子女分隔兩地，支撐她的正是「我也可以過得很好」的意志。不能自暴自棄的執念堅定守護了她的自尊感，即便在她一如既往站整天工作、雙腿水腫的夜晚，她手中依然沒有放下考證照的參考書。

為了做出改變，必須先檢視自己。當視力變差時，配一副能夠矯正視力的眼鏡才是當務之急，而不是追隨流行、尋找花俏的鏡框。有句話叫做「危機即是轉機」，碰到危機的瞬間，看著成功人士藉由回顧自己、慢慢突破危機，最後人生大逆轉的故事，我們也總是會下定決心做出改變，卻很快地就發現自己並不是他們，因而埋怨道：「果然不容易啊，不是什麼路人甲乙都能成功，他們是特例；再說我的情況沒那麼迫切，也稱不上危機，我和他們的檔次不同。」然而，許多人不知道，即便不是什麼天大的「危機」，也能造就特別的「機會」。

先不論其他因素，我是天生膚質不錯的人，約莫二〇一三年，我得知天空始終灰撲撲的原因，不是因為起霧，而是霾害的緣故，不禁感到錯愕不已。有次，霧霾濃度指數甚至超過五百，導致學校宣布停課。經歷最糟的情況後，我對空氣變得極度敏感，從那時開始，每天早上我都會檢查霾害指數。加上皮膚過敏，將近兩年我的臉部狀態時好時壞，膚質變得粗糙又敏感。為什麼不是發生在身體其他部位，偏偏是臉部呢？是免疫力下降的緣故嗎？還是應該怪罪環境變化？或者女兒轉學的問題，所以壓力太大了嗎？腦中浮現各式各樣的疑問，成天為了找到原因而繃緊神經，因為我認為，唯有揭開原因才能找到答案。如果不是非常親近的人，我會排斥碰面，也盡量避免外出；因為皮膚極度敏感，容易對外部刺激產生反應，所以我漸漸把自己與外界隔絕。我成了世界上最不幸的人，與外部阻隔反而對我造成莫大壓力，挫折與不安成了一種蠶食我內心的毒。

和過敏性皮膚炎共處三年以上，從前的好膚質不再，還多了不少雀斑和疤痕。儘管如此，只要想到三年前膚質非常糟糕的時候，此刻就相當感恩。此後，這件事為我帶來良性變化，促使我把珍惜身體、照顧健康視為第一順位。自從知道皮膚炎是無法避免的問題後，我展露出過去隱藏的一面——無論皮膚狀態如何，都積極地與他人見面。我下定決心要積極宣傳工作，對於接到的工作也從不推辭。

我沒有為了尋找答案而鑽牛角尖，而是稍微轉移方向，不斷思索我想要的人生是什麼，並且逐一去嘗試；人生，就此出現了轉機。此刻的妳，是否也在徘徊迷惘，想要尋找人生的正解？或者一股腦兒接收他人丟出的各種解答，想要過得和他們一樣呢？當然，如果能聽取他人的經驗與知識，借助眾人智慧提升生活滿意度、使人生更加豐裕，這樣固然無妨；但我希望，大家不要盲目相信那就是正確解答，犯下與我相同的失誤，導致自己動彈不得。

儘管始終明白，答案就在自己內心，但許多人之所以沒有付諸實踐，是因為他們誤以為有更好的答案，而將視角轉向了外部。此外，也是因為他們自信心不足，才會不知道該往什麼方向、該做什麼才好，造成習慣性依賴他人。他人代替決定，自己只須承擔最低限度的危險，就算事情不順利，也能躲掉責任，對許多人來說這是很便利的一件事。

要對自己更加坦誠、更相信自己才行，並且試著自問：「妳想要的是什麼？妳現在往哪裡去呢？確定這是妳原本打算走的路嗎？為什麼會做這件事？」別害怕自己的答案是錯誤的，因為正確解答從來就不存在。遲早都必須轉換人生方向，此刻就是妳的最佳時機。

填補人生的破洞

辭掉工作後，我有將近兩個月的時間都在住家附近的小咖啡廳上工。在家容易懶散，因為忍不住會想去處理目光所及的家事，所以我刻意安排一段時間到附近的咖啡廳待著。一方面是因為卡布奇諾的美好香氣令我著迷，另一方面是因為上午沒什麼客人，就像身處我專屬的空間那樣，不僅心情變得愉快，注意力也很集中。很快地，我成了咖啡廳的老主顧。

但偶爾會碰上這種日子：早上十點半左右，顧客接二連三增加，不知不覺左右兩桌分別被兩組媽媽占據了。她們的語調急躁激動，就算我無意聆聽，聲音也會自然地竄進我耳裡——從該去哪間補習班補英文、數學，到前陣子去補習班說明會聽他們怎麼寫自我介紹等等，與考試相關的資訊頓時傾巢而出。聽到她們口中的「自我介紹」、「生活記錄簿」等，我不禁猜想她們的子女是否就讀國、高中；因為我也有個讀國三的女兒，所以她們的交談內容聽起來一點也不陌生。只不過我身為對考試情報一無所知的人，越是聽到她們的談話內容，就越是引發莫名的不安與慚愧感。我擔心自己會被她們的戰鬥力徹底掏空，所以才想要避而遠之嗎？我怎樣都甩不掉這個念頭，最後忍不住起身換了座位。

在無法離群索居的世界裡，歸屬感與親密感是極為重要的情緒，特別是與情感逐漸深厚的人們在一起時，有許多能夠彼此依賴、產生共鳴的話題，為此我會感到愉快且興致盎然。只不過，面對不斷湧出的資訊，不僅來不及消化，還必須狼吞虎嚥地裝進腦袋，這經常讓我感到精疲力竭。我忍不住想，究竟為什麼要那麼火冒三丈？把那個力氣花在自己身上該有多好？我也總會納悶，參加聚會後感到空虛與疲勞的人，難道只有我一個嗎？

在中國，咖啡廳常見特徵就是規模大、空間寬敞，而最令人印象深刻的，莫過於不分年紀與國籍，大家會聚在一起讀書或學習的情景。有些人會聘請老師到咖啡廳，向他學習中文或英文，甚至還有人上起插花課或茶道。看到咖啡廳搖身變成學習與分享的空間，我也暗自打定主意，要在咖啡廳替四十歲的女性上心理學課程。不分年齡，每個人對學習都懷有需求與熱情，我認為應該要有些什麼事物來填補女性對學習的飢渴，並替代那些空洞叨嘮的閒聊。

每週三上午十點，我在媽媽們最喜歡活動的時段打開了心理學咖啡廳的大門。剛開始，這些女性感到尷尬，經常只是靜靜聆聽，扭捏地小口啜飲咖啡或果汁；慢慢習慣了這種氛圍後，她們開始敞開心房說起自己的故事。日子久了，分享的時間也逐漸拉長，因為來到這裡，可以向無法天天見面的媽媽朋友們吐露難言之隱，她們是這樣說的：

「來到這裡學習、分享後，疲於育兒和打理家務的內心猶如充飽了電，獲得能夠平靜度過一週的能量，感覺很棒。」、「不知有多久沒在大家面前說出我的想法和情緒了。到這裡後，我領悟到個人時間有多麼重要，也開始思考自己真正想要的是什麼，同時更感到心靈被填滿了，所以很開心。」

我們總是渴望能夠盡情聊天，當然，能有個聚會讓大家一起吵鬧歡笑，藉此消除壓力很重要；但事實上，我們更需要的是願意豎耳傾聽我們的故事，和我們一起煩惱、一起努力的可靠援軍。為了獲得認同感與歸屬感，以及顧忌他人眼色而勉強參加的聚會，或是出於無聊寂寞而毫無意義地與他人見面，這些聚會構成的日常生活，至多只能帶來「我不是孤單一人」的淺薄安心感，是無法填滿任何渴望的。

近來年輕人形成一種新文化，就是能像過往專家們舉辦演講或出書宣傳那樣，透過網路與非網路形式來分享自己的所學。人們藉由部落格或參加論壇分享育兒經驗與情報，有人在其中發現真正的自身價值和強項，藉此發揮潛在能力，或找到自己熱愛與擅長之事，這樣的平台成為開拓經歷與發揮未知潛力的自我成長空間。如果抱怨自己周遭沒有那樣的聚會或平台，這是毫無意義的，因為妳不該一味等待他人率先組成聚會來引導自己。

宥美是參加「活出四十歲自己」計畫的成員，她就如此宣告：「因為很熱愛閱讀，所以到處尋找讀書會，但不是年齡層不同，就是想讀的書籍差異甚大，實在找不到符合自己的聚會，只好黯然放棄。所以現在我不打算再找尋了，而是要帶著我想閱讀的書，組成一個小小的讀書會。」

年過四十後，空虛感容易占據泰半人生。為了什麼活到現在？該奮力奔向何處？繼續向前奔跑是正確的嗎？雖然想趁現在趕快停止往無底洞倒水一般的生活，但停下後又覺得不安，而繼續照著老樣子前進，只是內心又有如鑿了一個無底破洞。這樣的情緒會動搖四十歲的自我認同，對於人生的態度、價值觀與信念——這些用來說明「我」的一切，徹底變成問號，並否定了過去帶著信念走來的人生，甚至連過去自己認定的「我」是誰，也成了未知謎團；這種情況就好比內心發生了地震。

每個人都喜歡始終如一，想避免難以預測和無法控制的事情，但這種情緒是一種正面訊號，只要我們重新檢視一路走來的信念，找出錯誤並加以修正，人生就能更加生機盎然。

溝通分析（Transactional Analysis）創始人艾瑞克．伯恩（Eric Berne）表示，人會透過兒時與父母之間的關係來建立基本的人生態度（大致分成積極或消極）。根據伯恩的說法，人們會以兒時形成的人生態度為基礎，形塑自己一輩子的人生故事（即人生腳本），而它會因為父母及後續發生的事件被合理化。也就是說，人是根據兒時就寫好的人生腳本度過一生，在成長過程中甚至沒有絲毫懷疑或刪減。這有多可怕呢？當然，這個人生腳本是在潛意識中形成的，所以並不容易察覺；重點是，既然這是在幼年時期形塑的，那麼必定充滿漏洞。因此，在四十歲左右思索人生腳本「真的可信嗎？」是一件非常合理的事情。去相信「心靈的空虛感有多強烈，制定全新計畫的力量就有多強」吧！是時候去善用那份空虛感的能量了。

拓展四十歲的自我

聖熙曾是公司裡叱吒風雲的設計師，婚後在養育孩子的過程產生了兩種情緒——深愛著孩子，同時又打從心底怨恨他們。她從小就跟著雙親移民美國，完成大學課業後，在當地找到了理想工作，可說是「人生勝利組」。她在美國結識前來留學的丈夫，婚後隨著丈夫搬至中國上海，自此她的人生有了一百八十度的轉變。原本自信滿滿、想法獨立的她，來到上海後開始協助丈夫事業，並生下兩個孩子。在他人眼中，她是個十足的超人媽媽。

直到她碰上了育兒與工作難以兼顧的困境。老大上小學後經常闖禍，讓她常常跑學校；在家時，老大則會嫉妒、欺負弟弟，也搞得她頭疼。因此她打定主意，要藉此機會扮演好媽媽的角色，毅然辭掉工作。根據她的說法，丈夫與在美國戀愛時有天壤之別，是個非常典型的韓國男人，帶著父權制的思考方式，對於太太辭掉工作的決定似乎感到很高興，但事情沒有這麼簡單。

原本在職場上備受肯定的她，想到育兒和家務沒一個順心，也沒有一件事情做好，不禁感到巨大的挫敗感。不但和孩子們的關係沒改善，丈夫也沒鼓勵她，反倒大失所望，三不五時就指責她。因此，對家人發怒來發洩她的挫折感與失望已成了常態，尤其丈夫以業務為藉口晚回家的情況漸趨頻繁後，她想到自己必須獨自照顧孩子，孤單與憤怒的情緒更是不時湧上心頭。為此，她經常與丈夫產生摩擦，最後兩人面臨了離婚的危機。

聖熙的遭遇聽來不像一般人的故事。多數人的情況是，當那個日積月累、堅定的「我」，在某一刻穿上名為「媽媽」與「妻子」的新衣服後，連仔細思考這件衣服是否合身、是否適合自己的空暇都沒有，甚至沒有準備和選擇的餘地，就只能默默收下，吃力地將自己塞進那件衣服。儘管時間久了，它可能在無形中慢慢成為自己的衣服，開始讓人感到舒適自在，但與此同時，過去一部分的「我」也跟著失去了。

然而聖熙在諮商過程中，表達了希望能夠獲得認可、不受束縛的渴望。我能夠充分想像，年輕時總是果斷幹練的她，碰到突如其來的環境變化會有多難熬；她的生活有別於婚前，任何需求都沒有被好好地滿足。當然，生兒育女所感受到的滿足與成就感，還有成為媽媽這件事，也許是無法被取代、豐盛且特別的禮物，但無法被滿足的領域始終存在——也就是「我」所失去的部分。因為那部分逐漸遠離了，自然會感到悲傷、不安與挫敗。

新婚初期做的夢，我至今歷歷在目，那是我搭著手扶梯往上的畫面。夢中，想到如今就算自己想往下也身不由己了，一種茫然的不安感朝我襲來。與其說是後悔結婚，我認為這反映了我對婚後生活會發生的改變懷抱著深沉恐懼，以及對於自己能否做好一名妻子的質疑；然而這一切木已成舟，再也無法回頭的事實帶來了悲傷與絕望。假如每當人生增加一個角色時，能夠不失去自我，把所有增加的衣物都當成自身原有的自在接受，人生應該可以過得更豐富精彩吧？

關於自我（Self），心理學研究顯示，人類不會只靠一、兩個角色就來定義自己，而是帶著彈性，根據各種生活畫面與角色而變動。就算有一、兩種角色無法扮演得當，也會靠其他部分來緩衝，恢復自尊感。

舉例來說，A是全心投入家事與育兒的家庭主婦，B則是因為孩子還小，所以沒去上班，但除了家事和育兒，她會去文化中心參加皮革工藝課程，並以所學來教導鄰居媽媽們，更懷著未來要成為皮革工藝講師的夢想。假設有一天婆婆來訪，挑三揀四說道：「怎麼這樣養孩子啊？家務事怎麼做成這樣？」比較A與B的情況，壓力比較小的必然是B。因為相較於A，B形成了複合性的自我，受到的壓力就比較小，就算有壓力也能更快排解掉。B會說「人本來就不可能每件事都完美嘛！」就算沒扮演好一個角色，扮演其他角色時也能維持得不錯。

假如今天妳只有主婦身分，妳的人生只由「媽媽」這個角色來評價，固然可以全心投入單一角色而拿出最棒成果，以出色的「我」獲得肯定；但若是碰上無法稱心如意的危機或困難時，單一的自我就容易產生不適感或陷入憂鬱。

身處追求多樣化的時代，四十歲的樣貌當然也該多采多姿。難道現在就只能用「智妍的媽媽」、「永昊的太太」來定義自己嗎？我不認為這種人生都是錯誤的，但如果妳自暴自棄地認為「我怎麼其他事都做不好？在家裡做家事、看管小孩的女人，事到如今還能做什麼？」以此畫地自限，過著不滿足的人生，就會造成問題。

關鍵在於，要清空過去視為界線的東西。假如在擴張自我時，一味集中在認為「不足」的地方，試圖用其他角色來填補，反倒只會突顯不足的自我。與其執著於用什麼來填補自我，不妨試著以「清空」來擴張自我。如果妳束縛於必須彌補不足的強迫症，自我就會感到焦躁不安，會誤以為已經拋棄的東西可能再度來襲。

清空內心或放下，這些話雖是老生常談，但因為眼睛看不見，也沒有確認的方法，所以絕對沒那麼容易。別太心急，試著去尋找執行的方法吧！年過四十，我們期待的不是累積知識，而是增添智慧；我們不按既定道路前行，而是要成為懂得自行選擇並負起責任的人。換句話說，想要變成大人，就必須因地制宜、隨機應變，逐漸掌握應對的智慧。

多管自己人生的閒事

「衣襟」指的是上衣的前襟，若前襟太寬，就容易覆蓋其他衣物；在韓國，就用「衣襟很寬」來形容喜歡多管閒事的人。這句話聽起來不怎麼討喜，特別是對主婦的偏見，就經常使用「衣襟很寬」、「裙襬飛揚」這樣的負面描述，來影射主婦碰到別人或自己的事，總會不知輕重想插嘴干涉的特性。

我也不怎麼喜歡這種說法，但看到身邊包括母親在內的老人家時，卻又無法從她們身上抹除什麼事都要管的印象。為了不受她們左右，我努力堅守自己的界限。即便我已經是一個孩子的媽，母親每回看到我，仍舊凡事下指導棋；我受夠這種情況，只好一直把「我自己會看著辦」掛在嘴邊。

女兒生病住院那段時間，同病房的一位患者經常不見人影，或是常常緊抓著電話不放。住院期間就應該充分休息、接受治療才好，但她為了兼顧家庭與工作，整顆心一直擱在外頭。儘管她不折不扣的職業精神與對家人的愛讓我大受感動，但另一方面，在必須以自己為優先的情況下，仍然想去照顧他人，那種「無法避免多管閒事」的情況，卻令我感到惋惜。要是給自己的關心有對待他人的一半，那該有多好？

「衣襟」也是「關心」的另一個代名詞，假如對它抱持著全然負面的視角，也算是一種刻板印象。其實，不辭辛勞照顧人，在世風日下、人心不古的現代社會裡，是一件讓人感動的事。畢竟我們生活在人類的世界，關心與多管閒事只是一線之隔，也是一體兩面。

不過，還是趁此時把耗費在干涉他人身上的能量轉到「我」身上吧。向他人尋求自身的存在意義，等於是把我的人生「轉讓」給他人。雖然可以理解人們想將是非對錯的尺度傳達給對方的心意，但是當對方或這個世界的反應不如預期時，自己的內心難免會有失落、被淘汰的感覺；如果想避免這種感受，那就把衣襟用來多管自己人生的閒事吧！

去做沒有任何目的、單純使自己開心的事，正是「管自己閒事」的最佳行為。「愛自己」這句話已是老生常談，只不過這個名詞太過抽象，許多人不知該有何具體作為。如果想贈送一份禮物給自己，最好的禮物就是贈送獨處的時光和具體的經驗。為了改變四十歲的意義，尋求主動積極的方法，會比物質的、被動的方法更具效果。

喜愛鮮花的頌伊報名了插花課程，每週擁有一段與各式花朵邂逅的時光。儘管欣賞花朵、嗅聞花香就足以令她感到幸福，但她進一步從完成一項作品中尋求成就感。

喜歡走路的英熙，則是從住家附近的散步路徑開始逐漸擴大步行範圍。

她配合自己的步伐，積極尋找從自家社區到其他區域間適合行走的路線；很快地，她的探索已經遍及全國不為人熟知的環山步道，並樂於分享給大家。英熙由此獲得四十歲後自行開拓某領域的滿足感。

無論是運動、繪畫、旅行、讀書、寫作或做菜都無妨，只要把花在他人身上的精力，轉而用在自己身上就行了。也就是對自己的人生，發揮多管閒事的本領，告訴自己：「妳，要是繼續過著這種無聊乏味的生活，很快就會走進死胡同。」

先寫下能讓自己開心的活動清單，當妳發現自己有三十分鐘到一小時左右的空暇，就掃視這張清單並付諸行動，甚至還可補上一句：「假如妳今天不做這件事，明天可能就會後悔！」

Chapter 4

活出有夢想的四十歲

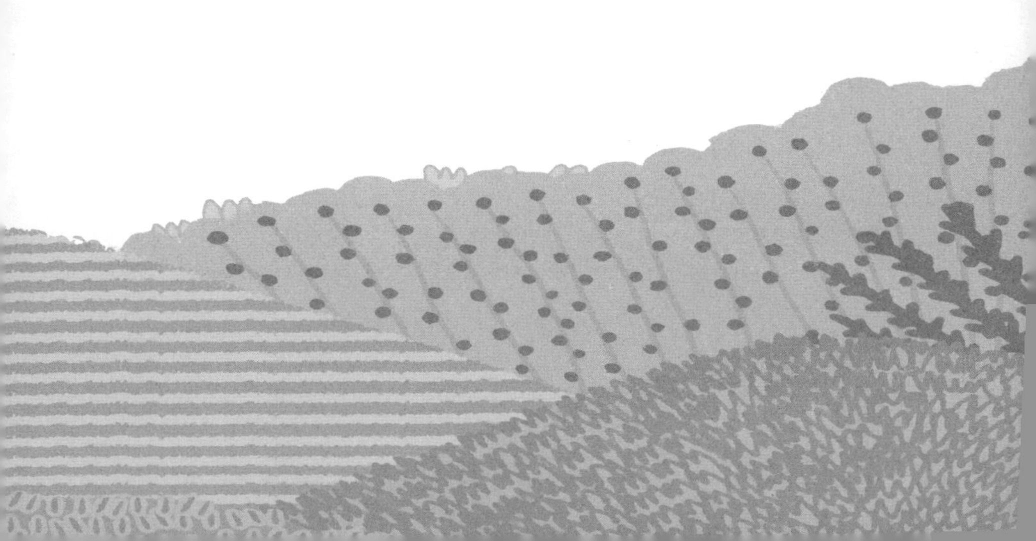

夢想，代表著對未來懷抱實際的希望，
也是爲人生賦予動力與活力的行爲。

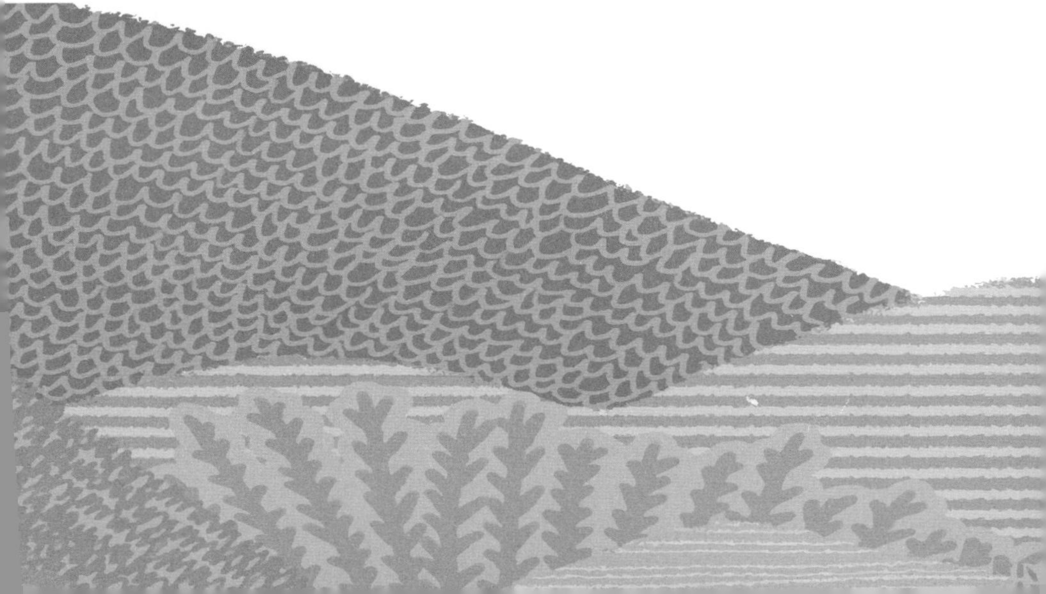

四十歲，仍要編織新夢想

明明請妳尋找自己、活出自己的人生，現在突然又說要編織夢想？妳可能正在納悶這是什麼意思。「夢想」，雖然是個讓人相當悸動、心情很好的字眼，但聽起來與年過四十的自己距離非常遙遠，不是嗎？其實，無論年紀為何，編織夢想可能比任何東西，更能引導我們活出自己的人生。根據幸福心理學的目標理論，人類在達成目標，或者相信自己正朝著該方向前進時，會產生幸福感。應該沒人會揚言放棄幸福吧？聽到有人提出要讓四十歲人生過得更豐富、更幸福的意見，想必大家都會表示同意；因此，不要把夢想和目標當成是年輕人的所有物。擁有人生目的與目標本身就具有意義，那就是將內心的願望、夢想及渴望融於現實中。夢想，代表著對未來懷抱實際的希望，也是為人生賦予動力與活力的行為。

過自己想要的人生，意味著「我」要成為主體；活得像自己，則是指按照「我」的願望、祈求與決心去生活。選擇的主體必須是我自己，所以說尋找夢想的過程，也是尋找自我的過程。夢想不是什麼務必達成的遠大目標，或社會上說的功成名就；重要的不是顯現於外的成果，而是能夠實現每天去尋找人生意義的渴求，期待生活本身變得更加多采多姿。

威斯康辛大學正向心理學教授卡洛・雷夫（Carol Ryff）認為幸福的人有六種特徵：對環境的熟練應對、與他人的正向關係、自律性、個人成長、人生目的、自我接納。綜合以上六種特徵，可以想像此人與他人或周遭環境，都建立了健康和諧的關係，同時帶著自行制定的人生目標，踏上追求自我實現的模樣。他知道自己要什麼、期望什麼，並且會主動在自己的人生中去滿足它。若大家能進一步發揮自我，為我們居住的世界提供小小貢獻，還會有比這更幸福、更有意義的人生嗎？

說到「夢想」，妳會想到什麼呢？當我詢問前來諮商室的女性這個問題時，很多人啞口無言，腦袋像停止運作般地楞著，東張西望；因為她們認為，尋找夢想只適合成長中的孩子或年輕人。回憶過往，年輕時我們也曾為了尋找夢想而徬徨、過著追求夢想的生活，可是為什麼一跨越四十歲這個關卡後，這趟旅程就徹底停止，彷彿突然改變了人生方向？女性進入婚姻後，忙著扮演增加的角色及處理接連面臨的課題，被日常生活追著跑，兒時的夢想與渴望，早已在無形中成了覆滿塵埃的古董。

「像我這種人還談什麼夢想？每天活著就夠忙了，別再講一些不切實際的事情。」妳的內心，是否持續說著這句話呢？夢想這種東西，看不到也摸不著，只要我們稍微分心，就會消失得無影無蹤。不過，如果是為了一時的喜悅與安慰而不斷利用夢想，這種人生也沒有太大益處。因為編織夢想時的短暫悸動與期待是無法持久的，若無具體實踐，內心自然會反問：「夢想都會實現嗎？這怎麼可能。成天癡心妄想，只會增添挫折感和無力感吧？」

編織與實現夢想的過程沒那麼容易，找到夢想也不等於實現夢想。因此，與其懷抱遙不可及的夢想或願景，更重要的是按照自己的期望持續開拓，哪怕只是樸實無華的願望也很好。

演員丹佐・華盛頓（Denzel Washington）曾說：「沒有目標的夢想，不過是一場夢。」任何人都能編織夢想，但能讓夢想落實，靠的是每天可以具體實現的目標。想寫一本書，唯有把每天至少寫一個句子當成目標，持續實踐它，才有可能化為現實。

過去觀賞運動賽事，我只關注選手的表現而急於評論，直到不久前，我開始無法再用這種觀點來看待比賽了。因為想著選手們流下的無數汗水與努力，無關勝敗，舉手投足之間看起來就是如此偉大。我沒學過網球，對網球選手更是一無所知，但每週末與先生一起觀看網球比賽後，漸漸地對納達爾（Rafael Nadal Parera）這名西班牙選手產生興趣，一路看到他在美國公開賽的決賽一舉奪冠。起初我只認為他是個實力堅強的選手，但後來他的表情與態度逐漸擄獲我的目光。整場比賽下來，他展現出有條不紊、始終如一的姿態，表情沒有任何起伏變化。此外，他喝完水後，將水瓶整齊擺放在地板上的動作，或是比賽途中撫摸鼻子和額頭周圍的招牌細部動作，都讓人印象深刻，這些個人習慣像是反映出他朝著目標前進時的迫切意志。

事實上，納達爾克服了長達三年的低潮，直到二〇一七年八月才重回冠軍寶座，前一年甚至還在為傷勢備受煎熬。納達爾曾對好幾位同樣負傷的頂尖選手這麼說：「現役選手中，我經歷最多次受傷，所以能夠體會這有多辛苦。我感到非常遺憾，也期盼各位能夠早日康復。」他也說：「發生這種憾事後，能做的就只有接受現況，持續精進。」

有位女性前來找我，她的舉止端莊有禮，打扮整齊體面，說話的口吻冷靜沉穩，對話內容則盡是關於兒子中途放棄大學考試的事。不曾思索自身夢想的她，以支援兒子的成長與夢想來獲取替代性的滿足，而當原本為了追尋夢想而埋首苦讀的兒子突然中斷一切時，她頓時迷失方向，整個生活停擺。她傾訴自己不再去走那條每天固定的散步路線，更奇怪的是，她開始討厭走路。

我在她的故事中看到一些象徵意義。她認為自己應該為子女考上理想學校扮演強力後盾，然而一旦這個信念破滅後，身為媽媽的自我認同也跟著喪失了。將「當媽媽和太太的人生」視為全部的她，就像迷途羔羊般徬徨，再也無法踏上那條一路走來的路。也許，必須等到她找到自己想走的路時，她才會再次萌生走路的念頭。兒時不曾編織夢想，總是默默接受既定選項、乖巧扮演角色的她，如今站在必須尋找夢想的重大轉捩點上——她不再為兒子過活，而是開始夢想屬於自己的人生。

到頭來，人生告訴我們：「無論妳是否願意，都要走出屬於妳的路。」別再拿年紀當藉口去論究是否具有編織夢想的資格，只要妳相信，年過四十歲仍能過著再次編織夢想、實現目標的人生，這樣就夠了。

讓夢想
爲人生帶來一陣清風

韓國顧問公司 Metabranding 執行長朴項基，曾說明夢想的幾項特性。第一，非可視性，雖然看不見，但它以能量的形式存在；第二，揮發性，由於是看不見的能量形式，因此如果不制定計畫、持續管理，就會在空氣中揮發消失。夢想與愛，同樣看不見，但它們確實存在，也感覺得到；不過，光是放在心中是沒用的，唯有將其形於外、持續努力，它才會長久駐留在我們身旁。第三，傳染性，越是與眾人分享，越是會增強夢想的能量。

然而，有時我們擔心談論夢想後，可能招致批評「這也算夢想嗎？」

或是丟了顏面，非但沒有實現夢想，還變成光說不練的人，所以總會避諱把夢想說出口，許多人因而默默吞下自己的夢想。令人吃驚也感到矛盾的是，大家其實都很想談論夢想。說起夢想時，眾人彷彿搖身變成天真爛漫的少年少女，露出開朗的微笑，一方面難為情，一方面眼神又難掩期待。而且，越是天馬行空、幼稚無比的夢想，討論時越是讓人樂在其中。

有位媽媽過去主修美術，現在因為忙著照顧小孩，不敢奢望有什麼夢想，但她希望以後成立一間工作室，持續作畫。我問她：「既然擁有那種夢想，難道非得等到以後才能做，不能現在就開始嗎？即使不是正式的工作室也無妨呀！」那一瞬間，她的眼神出現了變化，原本遙不可及的未來想像，突然間來到眼前，於是心臟有了跳動。夢想，越說越起勁，越去分享越是具體鮮明；就算對方與自己的計畫不相關，實現夢想的方法也會隨之而來，神奇的是，還有機會遇到幫助自己的人。不過須注意的是，談論夢想時，不能隨便挑選聽眾。

夢想具有未來指向性與非現實性，即便如此，仍要以極為實際的角度去看待此時此刻。想知道自己未來的模樣，不須大費周章，只要觀察自己如何度過今天就能找到答案。未來的模樣取決於「我」的今天，而「未來」與「明日」也會依據「我」如何度過一天而改變。

我會建議，尋找夢想前，先充分做好自我探索。換句話說，去思索自己迫切渴望、熱愛與想要做得更好的事情是什麼；以這種探索為基礎，就能一點一滴累積夢想的目錄。有些人在填寫夢想清單時，可能會心生疑問：「接下來要怎麼辦、要怎樣才能實現夢想呢？就算確立夢想，也不代表都能實現，不是嗎？」不過，此刻還不到思考「該如何實現夢想」的戰略階段，如果產生這種疑問，不妨再次詢問自己：「現在選擇的項目，真的是我想要的嗎？」因為尋找自己真心所求、將目標設定清楚，是實現夢想之路最基本也最重要的功課。

領導力專家約翰．麥斯威爾（John C. Maxwell）表示：「神在你體內種下了夢想，夢想屬於你，不屬於其他人。透過夢想，你是獨一無二的存在，這個事實變得更加清晰。夢想掌握了你的潛力，唯有你能使夢想誕生，也唯有你才能實現這個夢想。」每個人的內心都已種下夢想種子，只要能夠盡早發現，就可以活出竭盡全力實現夢想的人生。

也許，我們的出生正是為了實踐夢想。尋找隱藏在內心的夢想種子，努力讓它們像一棵大樹那樣順利萌芽、開花結果的過程，會不會就是我們出生在這世上的意義與理由呢？

假如妳至今尚未找到合適的夢想，請記得，在夢想這個名詞前是不問年紀的，每個人都是新來乍到。我同樣是在過了四十歲後，才以新人之姿開始認真探索我的夢想。我們不該再把他人決定、社會所期望或認可的夢想，錯當成自己的夢想了。

假如世上每個人都能自由編織夢想、透過努力實現夢想，那該有多好呢？

身處夢想逐漸成為無用之物的時代，無論夢想是大是小，它依舊是能夠拓展自我、為荒涼人生帶來好心情的一陣清風。

第一階段：成爲探索者

實現願望的人生，無論自己站在何處，都有能夠表現的舞台。盡情編織夢想、實現夢想，這就是令人悸動不已的人生。為求方便，我將尋找夢想與實現夢想的旅程分成四階段，每階段並非各自獨立，而是相互聯結，也不必按照順序來實踐。

比起夢想，先找到自己

因為製作韓國 MBC 電視台的紀錄音樂會《山村音樂會》，而有「山村製作人」之稱的河玄齊，名氣雖不如製作《花樣爺爺》、《一日三餐》的羅暎錫，或是《無限挑戰》的製作人金泰浩來得響亮，但他對於製作唯有自己能做的節目依舊自信滿滿。他不汲汲於追求名譽與人氣，而是在自身處境中，尋找只有自己才能做的事，並持續投入熱情與愛，最終完成了「紀錄音樂會」這類他專屬的節目類型。

談起一路走來的夢想旅程，河玄齊說：「夢想不會按照計畫來實現，即便對每一刻的考驗感到恐懼，也要堅持走下去，最後那條路就會成為我的資產、成為邁向夢想的路。」沒人會告訴妳尋找與實現夢想的唯一完美計畫，或者說，那是不存在的。

夢想的目的地各不相同，不能根據大小或價值去比較或判斷，所以妳無法依循他人開拓的路、他人的計畫，邁向社會所說的成功、名譽與財富。重要的是，必須以我想要、對我有價值、我想不想做為標準，循序漸進地開拓屬於自己的路。

韓國職涯發展專家洪起雲分享過一名小學四年級孩子的夢想。他的夢想是進入國際中學，接下來進入預科學校、SKY 名校*，最後再去哈佛留學。問孩子留學回來後要做什麼？結果他說要當廚師。這整件事聽起來自然嗎？這個孩子要走的路，是成為廚師的路嗎？每個人都想過著實現夢想、出人頭地的人生，但過程並不是只有一條路。從本質上來看，抽象的夢想沒有具體的答案，也不分貴賤。

首先，思考一下說到「夢想」時，妳腦海會浮現什麼？不管實現的可能性，先將它寫在筆記本。夢想，字典上的意思是「想要實現的希望」，所以只要是渴望得到、非實現不可的，無論什麼事情都可稱為夢想；更具體來說，可以分成「想成為的人」、「想做的事」、「想擁有的東西」三大類。假如妳認為「這種東西也能成為夢想嗎？別人看了會嘲笑我」，那麼最好立刻收起這種想法，因為夢想來自於自己的認定，而不是由別人代替我們決定或實現。假如腦海中浮現的是想做什麼給別人看，那就有必要重新考慮。

先寫下來吧！越多越好。剛開始要寫出一個可能都有困難，無論對象是青少年、大學生或四十歲的人，寫下夢想對所有人來說都不簡單；因為大家多半不知道自己想要什麼，所以會顯得不知所措。雖然基於各自的理由認真生活，然而很遺憾地，我們經常與自己想要的人生背道而馳，為了「未來的安定與舒適」這個茫然目標，一直過著犧牲現在的生活。

該選擇擅長還是熱愛的事，許多人為此苦惱。有位後輩和我同樣主修諮商心理學，卻因為擅長統計而受到人們肯定，但他向我吐露自己只是熟能生巧，其實並不喜歡那些事，甚至還相當討厭。他真正想做好的是諮商，不過因為諮商實力不見增長，所以苦惱著接下來該做什麼。如果是這樣，那就必須投注更多心力來增進諮商實力，把用來處理統計的時間和精力放在增進諮商實力。把

＊韓國三大名校，分別為首爾大學、延世大學、高麗大學，取其英文名稱字首，簡稱 SKY。

才能發揚光大，這句話雖然中肯，但假如比他人優越的不是「才能」呢？

才能，字典上的意思是「做某件事需要的本領與能力」，以及「個人天生或經過訓練後所獲得的能力」。即便妳廚藝再好，如果妳非常厭惡這件事，必須強迫自己硬著頭皮做，那就不能視為才能。相反地，如果對做菜不拿手，卻能享受過程，並且為了精進廚藝而投入許多時間與努力，那它就會變成一種才能。想做得比他人更好、避免競爭落後，這與發揮才能、實現夢想的人生是不同的。發現自己的才能後，無論擅長與否、不管他人評價如何，默默走在那條路上，就是過著實現夢想的生活。

自我探索

尋找夢想，就從發現這種「具有意義的才能」開始。妳要尋找的是，就算看起來微不足道，但自己躍躍欲試，或者不曾做過而表現不佳，但光想到就會怦然心動、想要學好它的事。

根據韓國統計廳的資料，韓國近年全權負責育兒與家務的男性人數持續攀升，女性則是逐年降低。對此，高齡化可說是主因，也意味著退休後的男性在家中負責家事的情況增加；此外，傳統性別刻板印象瓦解，使得三十世代女性的雇用率提高，也對統計結果造成影響。看到在社會各層面展現女力（Woman Power）的女性，說明了女性潛力無窮，只是尚未完全發揮，就這點來看，「女性雇用率正在提高」的統計結果無疑是個好消息。

然而，多數四十歲女性不但被社會上的現實制約，也經常被社會形成的刻板印象絆住。我們經常聽到「女人能做什麼？」、「當媽媽的人怎麼可以這樣？」、「女人家怎麼大半夜還在外頭亂晃？」、「女人還是多花點時間想想怎麼持家吧！」、「再聰明又有什麼用，女人嫁得好最重要」等話語，女性也因為受到這種刻板印象的威脅，心理上逐漸萎縮、變得沒自信。好不容易鼓起勇氣發聲，試著滿足自己的需求，卻因為一句「妳太自私了」，正要燃燒的希望火種就這麼空虛地熄滅。「自我發現」或「自我實現」等名詞，成了只能在書籍或電視劇上才會聽到的話。然而，我們不能就此停滯不前。儘管明白社會制度與風氣必須有所改變，但不要一心指望外在環境，而讓自己有氣無力、毫無作為。為了他人隨口說出的一句話或受他人眼光束縛，自願走進荒謬的刻板印象牢獄，不該到此為止嗎？

當然，如果是自行選擇不就業，我們必然予以尊重，只不過相較於此，多數中年人懷有再次工作的念頭。長期來看，不該為了求職而求職，而是要盡可能選擇能夠突顯才能、發揮自身價值與成就感的工作，這才能獲得幸福感、認可自己是有用的人，並且提高生活品質。尋找夢想的過程不等同尋找職業，而是在盡情發揮才能的同時，可以從人生的配角搖身一變成主角。

有位剛過五十歲的日本朋友，突然出現了更年期症狀，情緒起伏嚴重，難以調整自己的狀態，以致她經常在當天早上才臨時取消約會。儘管如此，與其他家庭主婦一樣全心全意持家育兒的她，仍然每天不間斷地做同一件事——在固定時間練習兩、三個小時的鋼琴，每週還會上一次音樂大學教授的鋼琴課。

我自然地以為她主修鋼琴或從事音樂相關工作，結果出人意表，她說自己並非主修鋼琴或夢想成為鋼琴家，只是非常享受彈鋼琴的過程、從中能感到幸福罷了。她甚至說，希望能再加把勁練習，讓彈奏技巧變得更嫻熟。有次，我到她家拜訪時，她正在練習蕭邦的曲子，彈奏了一首給我聽，即便她不是專業鋼琴家，但她的熱情與真摯無人能敵；那一刻，對我來說她儼然是派頭十足的鋼琴家。不久後我接獲喜訊，她即將參與兒子學校的聖誕節音樂會，要在全校師生與家長面前演奏鋼琴！她像個孩子般雀躍、露出天真笑容的模樣，我至今歷歷在目。

聽完上面的故事，有些人可能會欣羨她有自己熱愛與擅長的事，但要留心，若這份羨慕轉為自貶就不好了。尋找夢想，是探索與發現全新自我的過程，就算耗費時間，探索的過程仍是必須的。令人意外的是，人們對自己都不太感興趣。別默默等待別人來發現自己，從此刻開始，抽空去擁有以「我」為重心的時間吧！

接下來要介紹有助於探索與發現自我的幾個問題，希望妳能針對問題寫下本人的想法。相較於「我」，以「妳」為主語的句子有助於更客觀地檢視自己。不必懷抱雄心壯志，認為非找到夢想不可，只要嘗試一項對自己有意義的活動，帶著輕鬆的心態開始就行了。透過一連串自問自答，能體驗逐步瞭解自己的過程——那是超越固定不變的我，發現全新潛力與拓展自我的旅程。

○○，妳是誰？

○○，至今妳為了什麼而活？

○○，此時的妳為了什麼而活？

○○，往後妳想為了什麼而活？

○○，妳認為最珍貴的東西是什麼？

○○，妳最尊敬的人是誰，最希望成為誰？

○○，妳在何時何地心情最好？

○○，在時間與金錢允許之下，妳還想學什麼？

林達·葛瑞騰（Lynda Gratton）與安德魯·史考特（Andrew Scott）主張，成為「探索者」最適合的時機，是介於十八歲到三十歲、四十歲中段、七十歲或八十歲前後。這些時間點是人生最自然的過渡期，是迎接人生轉捩點的時機，也會成為仔細檢視人生、深入省察信念與價值的時間。此外，探索是對外尋求發現的過程，藉由察覺考驗自己的環境——哪些是讓自己憤怒或喜悅的環境，可以逐步了解自己是誰。

向自己投擲各式提問，成為自我探索的專家吧！不必出門遠行，即便沒有發生足以顛覆人生的重大事件，這個祕訣也能幫助妳擺脫日常生活與一成不變的經驗，走出全新人生。

去尋找妳專屬的武器

為了實現夢想，我們必須投注相對的時間與努力。所謂「一萬小時法則」，就是強調努力大於才能的重要性。但我們仍然會產生疑問，難道只要努力，一切都可能發生嗎？如果妳去詢問想要尋找、實現夢想的人，他們必須做出什麼樣的努力，多數人會回答：必須找出自己脆弱不足之處，並加以改進或修正。

我們無法盡善盡美，更可能什麼事都做不好。每個人都有一、兩項拿手本領，但妳是否將其視為理所當然、小看它們？或者試圖成為凡事樣樣行的人？無論在哪裡，都只有兩種人：努力生活與疲於生活的人；後者通常是沒有夢想或放棄一切、毫無動力的人。

抱著想成為好媽媽心願而參加父母教育課的女性，她們無視自己駕輕就熟的事情，而是汲汲營營尋找必須培養、修正的部分，為了成為好媽媽而埋首鑽研在這些必備條件中。對家事與育兒壓力纏身的媽媽來說，這也做、那也做的課程，真的有幫助嗎？不單是媽媽們，或許我們也都陷入必須成為萬能的錯覺中。我們四處尋找成功方程式，為了不落人後而隨波逐流，這正是我們的日常生活。

避免夢想成為空想，就應該善用自己的長處與強項，而非試圖去彌補缺點，唯有如此，才會擁有屬於自己的武器。無論過去或現在，接受填鴨式教育、以為像隻無頭蒼蠅般埋首努力就足夠的人，並沒能全數實現夢想、出人頭地。尤其是四十歲後，試圖展開第二人生新篇章的我們，無法再期待既定道路，也沒時間左顧右盼、參考別人的作法並試圖模仿。然而，這件事不是心急就能一蹴可幾，必須告訴自己，步入全新的人生航道後，應該慢慢地準備好自己的心態。所以，丟掉和他人比較、一心想尋找並改正缺陷的習慣吧！試著去找到至今尚未發現，或者遭到忽視而於內在生鏽的優勢。

被譽為「天賦心理學之父」的唐諾．克里夫頓（Donald O. Clifton）發現一項事實：與其修正與補強自身弱點，去開發既有優勢，人就能成長好幾倍。在克里夫頓與湯姆．雷斯（Tom Rath）的研究中顯示，人們沒機會集中在各自最擅長的事情上，以一千萬名對象進行問卷調查的結果，約有七百萬人無法發揮自身優勢。那麼，所謂的優勢是什麼？在此排除經過時間學習、熟能生巧，以及接受訓練後所習得的知識或技術，而是以相對來說變化可能性較低的核心性格要素——也就是我們說的天賦，將這個視為可開發成優勢的特質。

說起優勢，大家可能會誤以為是比他人做得更完美、更卓越的天才能力。其實，每個人都帶著屬於自己的優勢誕生，只是自己不知情，或者沒去認可它。我們都是有希望的，假如不知道自己的優勢，只要去發現、認同就行了。

當然，想將天賦開發成優勢需要練習。因為優勢存於人的內在，需要自我觀察與分析才能找出。暫且不論是否做得比別人出色，先去回想一個妳越去發揮就越能樂在其中的自我特質吧！若能不吝於發揮該特質，將其發揚光大，那麼擴大開發成優勢的可能性就存在。舉例來說，能使我樂在其中的特質是傾聽他人的故事，提出他們沒想到的觀點，並以提問引導複雜的心思，使問題變得明朗具體。但因為我是一名心理諮商師，所以從來沒想過這種特質是我的優勢，直到我意識到諮商是我現在從事的工作、未來也想做得更好的事情，並且做好這個領域的事，最能讓我有成就感及愉悅感；這一刻我才明白，原來這個特質就是我的優勢。

去回想一下，無須大費周章就能取得良好成果的經驗吧。妳想要持續發揚光大的特質是什麼？能夠發揮該特質的環境在哪裡？和哪些人在一起時能夠順利發揮它？排除迎合他人的期待，唯有自己真正想要、能使自己樂在其中的特質，才能成長茁壯成優勢。如此一來，才能在人生中實現自己所重視的價值。現在，就去尋找屬於妳的武器吧！

第二階段：想像目標實現

談完什麼是夢想、為何要夢想以及如何編織夢想後，就不能只把夢想擱在腦袋或心中，妳需要一本能拿出來看的「夢想筆記本」。妳迫切想要的東西、時間與經濟許可下想學習或必定要嘗試的事、能突顯妳優勢且樂在其中的事、現在做不好但想努力做更好的事，以及只要想像夢想實現後，就會充滿悸動、滿懷期待的模樣等等，將這一切展露無遺地寫在「夢想筆記本」上吧！寫的時候，可能會出現夢想彷彿實現一般的興奮刺激。像這樣將念頭視覺化，而非封閉於腦海裡，正是朝夢想靠近的過程。

像個孩子般大膽做夢吧！

多數人僅僅天馬行空地想著，「要是能夠實現夢想就好了」，或停留在求助神明，祈禱祂能幫助自己實現夢想的階段。夢想，猶如浮雲、星辰和太陽，無法伸手攫取，只能偶爾仰望它們露出微笑。現實生活中，許多人認為無法實現夢想是理所當然的事，他們認定夢想不過是夢想，與其追尋夢，正視現實才是明智之舉。

美國成功學大師拿破崙．希爾（Napoleon Hill）曾說：「願望不過是單純的靈光乍現，這種猶如朦朧煙霧的抽象物，如果沒有形成具體、化為現實，它就不具任何價值。」只要發揮想像力，將它們記錄於紙上，我們的夢想與願望就會逐漸成形且為眼睛所見。

展現想像的力量，最具代表性的人物，無疑是舉世聞名、今日於全球擁有兩百五十間希爾頓飯店的康拉德．希爾頓（Conrad Nicholson Hilton）。希爾頓十五歲至二十歲時，在一間飯店當門僮，自此踏入社會。曾是一名飯店門僮的他，是如何成為希爾頓飯店的創辦人呢？這真的可能發生嗎？

未滿二十歲的希爾頓，找來一張當年美國最大飯店的照片，貼在書桌上，想像自己成為那種飯店的主人，最終在十五年後美夢成真。許多人詢問希爾頓成功的祕訣是什麼，他如此答道：「我當飯店門僮的時期，周圍有許多與我處境相同的門僮，也有許多比我認真打拚的人，但不分晝夜努力想像自己出人頭地的，就只有我。」

希爾頓所說的「做夢能力」，即是善用了想像力。「只要想像就能成真」，每個人都很容易被這句甜言蜜語迷惑，但徹底理解並躬身實踐的人卻是少數。這裡所說的想像，並非電影《白日夢冒險王》（*The Secret Life Of Walter Mitty*）那樣只靠想像就能願望成真的自我催眠。為了發揮想像的力量，「如何想像」比「想像什麼」來得更重要。

我想起女兒初次對韓國流行音樂（K-POP）感興趣，是在她十歲、小學三年級的時候。和各種國籍的孩子們一起上學的女兒，對於能夠宣傳韓國感到興致勃勃，一升上四年級就開始聽 K-POP，也會跟著哼唱；她還教其他國家的同學們說韓語、分享知識，和他們一起跳舞玩耍，就這樣她對 K-POP 的熱愛有增無減。老實說，將這一切看在眼裡的我，一方面對女兒的行為感到有趣、覺得可愛，但也曾有「再這樣下去就糟了」的念頭閃現。回韓國後，女兒把防彈少年團（BTS）和粉絲同樂的空間製作成模型，讓我嚇了一大跳。回顧過往，其實她從很久以前就懂得運用各種想像力，將自己想做的事具體化，為其賦予生命，彷彿真的會呼吸一樣。沒人能輕易得知，往後這孩子的夢想會如何擴展，又會產生何種變化。

年幼孩子的夢想，通常會遵循兩種方法來想像：「路線導向的想像」與「結果導向的想像」。前者是去探索達成目標的路徑，想像為了達成目標必須做的事、會經歷的路障與因應之道等所有過程；後者則是想像達成目標的畫面，我女兒與希爾頓的想像都屬於這類。

此外，想要達成夢想與目標，必須有兩個動機，即韓國作家李民圭於《實踐即是答案》一書中提及的「導火動機」與「維持動機」。導火動機，顧名思義是為了實現夢想，促使內心去採取行動的動機；去想像達成目標的狀態，就是透過結果導向的想像，可以提高導火動機。維持動機，指的是能夠維持初衷，不輕易放棄開始做的事情。我們知道，帶著全新的決心開始做某件事相對容易，問題是出在難以維持初心，因此提升維持動機，避免自己半途而廢、得以持續下去也很重要；這可藉由探索目標達成的路徑，也就是「路線導向的想像」來輔助。

賦予動機1：實現夢想的祕密倉庫

此時此刻，試著暫時放下一切雜念，想像夢想實現的畫面吧。平時很少或不習慣想像的人可能會感到尷尬，那麼在想像前，必須先讓身心放鬆自在，稍微閉上眼睛也無妨。找一個不受任何人打擾的安靜空間，坐在椅子上或躺在地板都可以，準備一個專屬於自己的時間與空間。身心舒適自在後，接著展開想像的翅膀，不必因為它是實現夢想的想像而太過嚴肅或認真，單純以輕鬆玩耍的愉快心情來做夢，跟著以下指示來行動就行了。

先做大約三次深呼吸，讓身心平靜下來。此時，妳是作家，將自己設為主角，要替自己寫下第二人生的故事。妳人生的主角，是妳自己，所以請盡情揮灑，無論寫什麼樣的故事都無妨；妳可以隨意讓任何人登場，場所、背景也能按照妳想要的去布置。只須注意，故事的主題必須是自己強烈渴望的夢想被實現時的模樣。無論是一年後、五年後或十年後都無所謂，具體描繪依照自我期望去生活的未來樣貌，而不是迫於無奈的狀態或與現在大同小異的情況。

想像夢想實現的樣子，將會帶給妳希望。盡可能具體生動地去想像，即便剛開始畫面很模糊，隨著時間的流逝，意象就會逐漸清晰鮮明。還有，請看看夢想實現後，感到十分幸福滿足的自我模樣吧！實現夢想的地點在哪裡？周遭看到什麼東西？感覺得到香氣嗎？有音樂流瀉而出嗎？妳一個人嗎？還是與什麼樣的人一起合作呢？妳正在做什麼動作？正在想什麼？請將鏡頭拉近，細看自己的表情吧。假如妳正在說話，仔細聽聽看，去感受自己的聲調。那樣的自己看起來怎麼樣呢？觀看的同時，也感受一下自己此刻的心情。

三十歲出頭的聖熙，在「為媽媽的夢想添上翅膀」的課堂上流淚訴說：「我領悟到我有多麼需要屬於自己的時間與空間，每天忙著和兩個小孩搏鬥，我已經徹底彈性疲乏了。我終於明白，比起要完成什麼、達到什麼成就，我現在最迫切需要的，是無憂無慮享受一個人的休息時間。」

四十五歲的美賢，以略帶激昂的語調說：「我本來只是茫然想著，先生不知何時會被迫退休，孩子們轉眼間也要上大學了，我好像需要有點事情做，但始終沒有具體深入思考過。現在經過想像，我不禁有了這種念頭——因為喜歡咖啡，所以想過著在安靜咖啡廳看書、和三五好友一起聊天的生活；到附近氣氛好的咖啡廳時，我曾想過能開一家這樣的咖啡廳。看來應該趁現在報名咖啡師課程，剛好附近教會有免費的課程，我可以先藉由品嚐來學習；如果覺得好玩、適合我，再去挑戰考證照的課程。」

此刻，妳腦中浮現的夢想是什麼？時間可以是十年後、一年後或一個月後。越能具體想像實現的模樣，那個夢想就越能變成可見的實體來到妳面前。別只是將編織的夢想擱在腦袋，要去創造它，讓它在妳眼前實現。鉅細靡遺寫下實現夢想後的妳，每天醒來到睡前會如何度過一天的過程，也是個好方法。還有，筆記時一定要以夢想已經實現的狀態，也就是用過去式來書寫。

《山村音樂會》的製作人河玄齊將此命名為「未來日記」。據說他每年初都會撰寫未來日記，彷彿夢想已經實現般，把實現的日期也寫下來，並以具體的形式儲存，等到年末再來結算，看看夢想達成了多少。令人驚訝的是，他表示自己實際的達成率不曾低於百分之八十。可見在腦海中具體構築理想的模樣，再將其記錄下來的行為，是逐步實現夢想的羅盤，也是實踐夢想的動力。

除了記錄，也可將足以聯想到夢想的意象或照片找出來，貼在顯眼處，讓自己三不五時就能看到。舉例來說，想開咖啡廳的美賢，可以從收集夢想中的咖啡廳照片開始；如果遇到覺得「就是這個」的照片，可以將它印成視線可及的大型海報。甚至可以擴大到試著替咖啡廳命名、設計咖啡廳菜單，實現夢想的過程將會更有趣、令人引頸期盼。在開設個人心理諮商室的半年前，我也開始嘗試替諮商室取了數十個名字，藉此茁壯夢想；最後，「心靈風景心理諮商研究所」就這麼開張了。

去選擇能將渴望視覺化的方法吧！無論是寫成文章，或是以畫作、照片來表現皆可，只要符合各自喜好的方式就行了。還有，想像自己實現夢想的同時，挑選一張自己看起來最幸福的照片一起貼上吧。用這些材料打造一座可以揭開夢想的祕密倉庫，那個地方可以是化妝台鏡面、書桌前或冰箱門上，無論是哪裡都無所謂，只要是妳不時會經過的空間即可。

賦予動機2：專屬的人生設計圖

能夠提高維持動機的「路線導向想像」，指的是生動地想像達成目標的所有過程，可稱為「人生設計圖」，也可視為實現夢想的地圖。

對於喜愛編織夢想的人來說，使用提高導火動機的「結果導向想像」，能讓他們感到滿足。因為自由想像並非難事，心情會變愉悅，還能盡情享受夢想彷彿成真般的錯覺，讓人不由得感到飄飄然。這一刻的自己，如同在天空翱翔，想要的一切皆已到手。

然而，包括我在內的許多人，卻容易在編織夢想的「結果導向」階段裹足不前，並且過不久就會發現夢想有別於現實，一切不過是虛妄的幻想而徹底死心。這是很自然的，因為夢想具有很強的揮發性，如果停滯在結果導向的想像階段，就容易變質為空想。因此最重要的是，要有實現夢想的具體實踐計畫與執行力，「路線導向」的想像技能就可幫上忙。

著手進行這個路線圖，需要非常實際且詳細的調查，並且循序漸進地制定執行計畫——妳可能因此感到繁瑣。請牢記，要盡可能減輕負擔，不要去尋找他人所認定的正確答案；我們要思考的是避免錯過目的地的方向與路徑，不是去制定絕對不失敗的完美計畫。要推翻、扭轉也無妨，就像鉅細靡遺地搜集旅遊資訊、制定了詳盡計畫，抵達旅遊地點後所得到的經驗又截然不同一樣。

住家附近有個大空地，每天上班經過時，我總是這麼想：「那片空地往後會變成什麼？」看著好幾個月空無一物的貧瘠土地，不由自主地將自己重新開始的人生投射其中。我試著想像，真希望那裡變成一片蓊鬱森林，還有一棵能讓路人暫時歇腳的大樹，擺放著幾張長椅。

但是，空無一物的貧瘠土地，不可能單靠想像就變成繁花錦簇、果實纍纍的森林。並非迫切盼望，成果就會自動出現，而是必須先撒下種子，供給土壤需要的養分，除去阻礙種子成長的障礙物；有時，還得祈求老天下一場甘霖。

想要培育並實現夢想，就要仿效農夫的姿態——不是只用言語、頭腦和內心去實現夢想，而是如同以行動收穫夢想的農夫般，默默地、真心誠意地付出。

那麼，應該付出怎樣的熱忱呢？雖然已經想像過實現夢想的模樣，以及自己的期望是什麼，但實際開始行動時，還是不曉得該從何處著手。許多人因為沒有頭緒，空想了一、兩天就無疾而終，時間久了，「能實現嗎？太好高騖遠了吧？」這類想法就會再度湧上，重新回到夢想前的模樣。

因此，為了避免與昨日迫切的夢想擦身而過，再微不足道的實踐，也要一步步前進。一九五三年，艾德蒙．希拉里（Edmund Hillary）成了史上第一個登上聖母峰的人，人們問他如何登上聖母峰，他如此說：「我是一步一步走上去的。真正渴望的人會持續不懈、直到達成目標為止，不會因為沒成功就感到挫敗。沒成功，那就換方法；換了方法依然不成功，就分析其中的原因；分析後依然不行，那就去深究。到了這時候，命運就會與我站在同一陣線了。」

此刻開始，可說進入了真正的實踐。現在，請清空迫切渴望就會實現的天真信念，運用路線導向的想像，走到更深處去看看吧！只要描繪出實現夢想的路徑，將階段性的實踐計畫具體化，採取行動時便能如虎添翼，更加順遂。

據說實踐力卓越的人向來是「雙面思考」，同時具備樂觀與悲觀。也就是說，透過樂觀性思考，得以生動想像實現夢想的模樣，從中汲取最大收穫；同時，也透過悲觀性思考，預想在達成目標的過程中會經歷哪些難關或突發狀況，並對此做出因應。接下來會說明以路線導向為想像來制定地圖的要領，請先準備一張大尺寸的紙張，跟著以下步驟做做看吧。

第一，回想妳迫切想要實現的夢想或目標，直接套用結果導向的想像意象也無妨，這將成為妳想前往的目的地。接著，決定此時佇立的出發點。確定出發點和目的地以後，將它們標示在紙上，畫出連接兩點之間的線條。有些人會畫成一步步往上爬的階梯或金字塔，有些人則以蜿蜒的線條或直線來標示；也可以用圖框來連結，並逐一將它們填滿。

第二，在目的地具體寫下達成日期和年紀等明確的期限。同時，在現在的出發點也寫下日期和年紀。

第三，寫下抵達目的地的過程中，必須經過的中間目標。同樣地，也寫下達成中間目標的日期與年紀。

第四，試著寫下達成目標的方法，以及可能會遭遇的障礙與因應之道。

第五，回想為了達成目標，可能會帶來幫助的人，並試著寫下尋求協助的方法。

第六，試著寫下達成目標所需的技術或資源。也就是盤點現實生活中，能夠學習或開發的資源有哪些，又該如何得到。

最後，規畫達成目標的詳細日程表，讓此刻必須開始做的事情能逐一付諸實踐。

制定好路線圖後，將它裝飾得漂漂亮亮的，好讓自己三不五時就想看一下。並在最後或中間目的地貼上理想形象的照片，寫下激勵自己走向夢想的訊息，放在經常可以看到的空間，隨時觀看。它會幫助妳想起今天的一小步，是走向目的地必須且珍貴的一步，維持著實踐的步調。

也許，妳會覺得描繪路線圖的過程有些麻煩與幼稚，容易想成是孩子們在做的事。但比起只用內心圖像來珍藏，實際讓眼睛看到，可以帶來事半功倍的效果，因為無論小孩或大人，多半受到視覺資訊的影響最大。

賢珠是針對四十歲女性「願望達成計畫」的成員，她的心願是與父親更親近，為此制定了六個月的執行計畫。她將父親喜歡的登山活動列為細項，並計畫一週至少以電話問候父親一次以上，同時也將登山的雨備方案一起放在路線圖中。六個月過去，賢珠藉著與父親逐漸累積回憶的過程，關係變得比先前更加緊密了。

假如過去有什麼「計畫」被延宕，先試著制定路線圖吧！就像熨燙衣物一樣，妳會感覺到夢想在延展，進而看見希望，拖延的事情也會逐漸減少。妳會發現，自己身上存在著往目的地邁出步伐的力量。

第三階段：除去絆腳石

要找藉口到什麼時候？

恩淑因為夫妻相處問題來到諮商室，她說先生三不五時就大動肝火，自己太過害怕而不敢有任何反應，只能默不吭聲過日子。她擔心要是做出什麼反應，情況會加更惡化，所以只能忍氣吞聲，導致最後得了「火病」*。我問她「以前曾有做出反應後，先生對妳家暴或情況惡化嗎？妳曾試著把這種心情告訴先生嗎？」

恩淑停了兩秒，搖了搖頭。她說，不曾因自己的反應被施暴或情況惡化，但就算反應了也無濟於事，所以她沒嘗試做過什麼。她想像著最糟的情節，分分秒秒都在看先生臉色，只因他脾氣火爆，所以不敢採取任何行動。

我們期待更美好的生活、期盼各自的理想，卻沒意識到當中存在著無數必須實踐的任務。就算知道，也會拿出許多理由拖延，同時怪罪外在情況與他人，甚至牽連心情或當時狀態。即便下定決心要做什麼，一旦發現無法順心如意時，我們也善於替自己尋找冠冕堂皇、不必嘗試的藉口。唯有如此，我們才能避免遭遇失敗的恐懼，特別是面臨半途而廢或失敗的情況下，能稍微保護自己容易受傷的自尊心。邁向夢想的過程中，會遇到無數個意料之外的障礙，或遭遇不幸與各種突發事件，不禁讓人覺得，「夢想」雖然看不見，但這個人格體彷彿在考驗我們、對我們開了惡劣玩笑。

《盼望奇蹟》（*Expect miracles*，暫譯）一書作者喬・維泰利（Joe Vitale）曾說：「任何人都能實現夢想。夢想正在等待我們，只要你迫切渴望就夠了。為了實現它，你必須清除無法實現的懷疑念頭，而且非付諸行動不可。」實際上，妨礙我們人生最大的障礙物，許多時候並非來自外在，而是我們內心。唯有除去內在籬笆，才能往前邁出一步。如果不這麼做，我們就會從周圍尋找藉口，忙著自我合理化。也許在嘗試之前，已經養成先找絆腳石的習慣——製造對於成功的懷疑與不安感等無數個障礙物。

四十歲的我們，碰到夢想時最常提的藉口就是「年紀大了」。上了年紀後，來到社會期待「成熟」的位置上，因而對於像孩子般的「做夢」感到彆扭，也認為這一點都不實際。然而，如果已下定決心要在四十歲用不同姿態面對人生，妳需要的是以進取姿態老去的勇氣，而不是任由年華逝去。

假如妳有孩子，為了孩子好，必定毫不猶豫地支付昂貴的補習費。以進取姿態老去的勇氣，指的是一點一滴放下對周圍人事物的責任，不將自身價值交付旁人與環境，以他們的成果來估算。四十歲女性多半擁抱著無數種罪惡感生活；涉及孩子、家人、社會、生活各層面的罪惡感，容易轉變成阻礙人生、

＊在韓國，將無法宣洩壓力、不斷忍氣吞聲所引起的壓力性身心疾病稱為「火病」。

替自己辯解的理由，這是對「年紀大了」的狹隘與錯誤想法。以進取姿態老去的人，絕不會透過對周圍人事物的責任來提升自身價值，即便看著自己出現老花眼等老化症狀、經常感慨年輕歲月逝去，也不會被動地向年紀屈服，反而懂得發起小小的抗爭。這樣的人生，即便只有星星之火也能燎原。

就算只有今天

「不知為何，今天做什麼都不上手，感覺諸事不順，看來什麼都別做比較好。」前一天才收心想要進行全新挑戰，隔天一睜開眼睛，卻出現有別於昨日的心情，興奮期待和鬥志全熄滅。同時，內心也接二連三冒出懷疑：「我真的能做好嗎？會花多少時間？我有才能嗎？不知要花多少時間和費用，也不知要付出多少努力，我是否有勇無謀？是否會因為此事而疏忽孩子和家事？育兒和家事都做得七零八落了，我是否太過貪心，做了自己根本辦不到的事？」最後，原本打定主意要做的事，總覺得不應該去做，或認為自己做不到。碰到這種充滿算計與懷疑的瞬間，昨日的熱情必然消失不見。

美國杜克大學心理系教授塔尼爾．查特蘭（Tanya L. Chartrand）將這種莫名感到會失敗的心情狀態，命名為「神祕的心情」。這種心情來襲的次數頻繁且威力強大，人們經常為此絆倒，以致嘗試尋求改變的決心遭遇挫折。我們沒有明確根據，也沒有確切理由，就向這種「莫名」的神祕心情屈服。

職涯諮商界權威約翰．克朗伯茲（John Krumboltz）表示，這種狀態來自人類追求熟悉與確信的本性。當我們試圖遠離「熟悉與舒適環境」時，就會認為「不應該去做」，同時拿出各種理由抵抗。

想從這種不明緣由的心情逃脫，答案很簡單，與其默默等待忐忑不安的心情消失，不如什麼也別想就直接付諸行動。不該自行合理化告訴自己：「現在感覺不太妙，這種心情狀態下做什麼必定都會搞砸。信心滿滿的那天總會到來，屆時再開始就好了。」就我個人經驗來看，那一天是不會到來的，更常見的情況是，每次受困於當下心情，就會像隻無頭蒼蠅般徬徨地轉來轉去。因此，不要相信這種神祕心情，把焦點放在付諸行動後隨之改變的心情，才是有效做法。此外，產生這種心情時，不要去分析它才是合理的。有人會懷抱「假如我可以明白其中原因，心情就會有所不同」的期待，不斷對這種沒來由的心情抽絲剝繭，答案不僅不會出現，還可能落入更深的迷霧中徘徊。畢竟，只有轉換想法或改變行為時，心情才可能發生變化。

馬丁．路德．金恩（Martin Luther King Jr.）曾說：「不須將整座階梯盡收眼底，只須先從第一格開始爬起。」荀子也說過：「騏驥一躍，不能十步；駑馬十駕，功在不舍。」（即便是千里馬，也無法一躍十步；即便是劣馬，只要花上十日，也能抵達遠處，原因就在鍥而不捨。）夢想與計畫再怎麼高遠偉大，假如沒有付諸行動，也只是鏡花水月，什麼都得不到。

儘管如此，要走的路太過遙遠、看不到盡頭，以致我們遲遲不敢開始。此外，也擔心自己是否將時間和精神耗在不必要的事情上，因而內心依然會出現這樣的聲音：「今天先別做吧，多考慮一下再開始。」此時，只要靜靜檢視自己寫下的路線圖，從最簡單的一件事做起就行了。剛開始，可以從瑣碎的小事著手，唯有先做不必花許多時間、有起頭就能成功的事情，才能從小小的成功裡獲得成就感，進而產生持續的動力。就算嚐到失敗的滋味，因為不是大費周章，所以這點小失敗也不會造成過大損失，反倒可以獲得下次嘗試其他方法的訣竅。無論成功或失敗，嘗試本身就與成功畫上等號。

一句話來總結，就是為了自己想要的人生、目標與夢想，我們要去尋找能完成它的眾多小塊拼圖。朝向遠大夢想與目標邁進時，盡可能減少與內在悄話的心理戰，也就是那些阻抗內心的無數理由；盡可能以最小單位，將目標分成具體且可立即執行的項目。

第四階段：持續前進

撐下去也是一種勇氣

有句話是「撐到最後的是贏家」，說現代人都過著苦撐的生活也不為過。最近，我開始覺得撐下去也是一種勇氣與能力。像我一樣從事心理諮商的人，多數夢想著有朝一日可以開設以個人為名的諮商室。這雖然不是容易的事，但真正的課題在隨之而來的營運，所以開業不能成為終極目標。每次遇到開業的前輩或同事，大家總會不約而同地說，初期就是要無條件撐個三、四年才行。

為此，我必須變成全能選手，從諮商室介紹、清掃，到接聽諮詢電話、安排預約、抽空思索各種宣傳策略以及定期報稅等等，所有工作都要一人包辦。有太多不懂的業務要學習，所以容易感到疲乏無力，也會不斷懷疑自己「真的做得來嗎？」這個情況下，「一定要撐下來」，指的就是不要在自我懷疑的鬥爭中輸掉，要取得勝利。

這個道理只適用開業的諮商師嗎？這世上，隨處都能找到與看不見的敵人單打獨鬥、展開孤獨戰爭的人，四十歲的女性也不例外。夢想展開全新人生的女性，都必須忍受現實的煎熬，在不透明的未來與對失敗的恐懼中苦撐下來。她們必須在想要開始做某件事時，抵擋從內在跑出來妨礙的惡魔呢喃，同時抗拒想回到舒適圈的誘惑。

然而，該如何撐下來呢？不是要妳咬牙忍耐或起而對抗，而是請妳在感到心力交瘁，覺得看不到盡頭、想要中途放棄時，回想一句帶給妳力量撐下去的話語——可以是書上的名言佳句，也可以是某個重要的人應援妳的溫暖訊息，再不然，一句激勵自己的話也行。閉上眼睛，傾聽來自心靈深處的聲音——「此刻已經夠好了」、「疲憊時，休息一下再出發也沒關係」、「我明白妳這一路以來有多認真」、「真的辛苦妳了」，向正在飄搖不定、疲憊不已的自己伸出溫暖的手吧！只要說一句安撫內心的話就已足夠。

雖然抱著希望夢想實現的意念，為此每天付出努力，有時卻還是會無意識地說出洩氣話，做出與夢想背道而馳的行為。例如，感覺事情進行得不太順利時，就會聽到內在聲音糾纏不休地說：「果然超出自己能力範圍了，快累死了，不管再怎麼努力也沒改變啊，乾脆放棄吧？」、「看個電影而已，有必要這麼辛苦嗎？」讓自己陷入喪氣、憂鬱而有氣無力的狀態。

言語的力量與想像的力量同等強大。《從負債二〇〇〇萬到心想事成每一天》的作者小池浩，就成功靠著正面的說話習慣，償還了高額債務，徹底扭轉人生。小池浩拋棄會令自己洩氣的說話習慣，並以夢想彷彿已經實現般地說了數萬遍「感謝」。即便決定了夢想、嘗試往前走一步，內在仍然每分每秒存在著恐懼的聲音，因此必須時時帶著「感謝」或「沒關係」等強力的正面訊息來取代。

為了撐到最後，必須持續地默默耕耘；也就是說，必須堅持到「持續不懈」變成自己的武器為止。同時也要養成習慣，每當自己感到疲乏、想半途而廢時，就大喊一句替自己打氣的溫暖話語。

撐下去也是一種勇氣。去回想為了實現理想的人生，自己苦撐著不被來自四面八方的逆風吹倒、奮力站立的身影吧！每次鼓起勇氣跨出一步，就拍手替自己加油，同時以「一路以來都做得很好，妳做得很棒」來激勵自己。

妳的夢幻團隊是誰？

夢幻團隊，聽起來像是用在運動領域的名詞，卻讓我想起很久以前某個週日上午播放的電視節目。那是由擅長運動的知名藝人組成夢幻團隊參賽，和另一隊展開激烈對決的綜藝節目。

說到夢想，難道就不需要夢幻團隊嗎？人生擁有可靠的神隊友，無疑是最大的幸福；只要擁有最強的夢幻團隊，就無所畏懼了。我因此萌生一個問題：在實現夢想的道路上，有幾個人能幫我忙呢？

成立諮商室時，我確切感受到夢幻團隊的重要性，有許多意想不到的人帶著真心替我加油，並毫不吝於給予建言。剛開始，我沒有做好充分準備就開幕，對於要正式昭告天下這件事倍感壓力，甚至相當難為情。後來我領悟到，這是多麼嚴重的錯覺，原來妨礙我成長的最大絆腳石，不是包圍我的環境，而是我自行打造的心靈牢獄。

包括家人、多年老友、前輩、晚輩、指導教授、前同事與鄰居們在內，乃至於近期聚會中結下緣分的人們，都給了我無條件的支持與應援。生活在「社會」這個共同體的我們，即便獨立做事，終究不會是靠一個人完成。儘管可以獨自編織夢想，但直到化為現實之前，無法將一連串的情誼排除在外。越是緊密可靠的盟友，夢想越容易互相感染，並在替彼此夢想支援與加油的過程中一起成長。

有篇新聞報導的標題是「以畫家之妻、作家之夫為姿態，展開新人生」，這對夫妻五年前退休後，開始支持彼此的夢想。丈夫盧勝基大器晚成，開了個展，正式以畫家之名出道，妻子張真英則以作家身分出版了散文集。她在新聞訪談中說：「我放棄他人的經驗，選擇只對自己有意義的事情。讀者亦然，即便只有一名也已足夠。」妻子買了調色盤和顏料當生日禮物，支持丈夫退休後展開的夢想；丈夫也準備了一間寫作室給妻子，協助她成立一人出版社，找回多年來想當作家的夢。

如同「一起走，才走得遠」這句話，無論再怎麼辛苦，有人同行，就會產生力量。到頭來，所謂的夢想，意義不在於達成個人的成就與目標，而是共享艱辛的過程，為彼此的成長出一份力，並藉此整頓全新的人生態度。

感到疲憊無力時，試著組成能夠激勵、應援我們的專屬夢幻團隊吧！假如夢幻團隊這個詞聽起來遙不可及，或讓妳產生抗拒感，就想成是「與我站同一陣線的人」也無妨。只要是對我的夢想與人生樂見其成，願意替我加油的人，都能成為夢幻團隊的成員。

環視妳的周圍，假如有人打著為妳好的口號，卻說出：「妳要正視現實啊，這樣做怎麼行？妳以為自己還是可以做夢的少女嗎？妳就試試看，我等著看妳的結果，這根本是天方夜譚嘛。」遇到這種情形，就要有所防備，代表他們不適合加入妳的夢幻團隊。

並非要身邊的人都為我的夢想犧牲，而是在實踐夢想路線圖的每個岔路上，都能與對我的夢想、對方的人生與我的價值互相帶來影響的人同行。去尋找彼此能夠成為旅伴的人吧！經常與能自在分享夢想的人碰面，並與妳想密切往來的人建立關係。

Chapter 5

喚醒內在的自由靈魂

有空就去摘玫瑰吧，
去摘取此刻錯過就會枯萎的，
藏於妳內心尚未見到的玫瑰。

發現全新的「自己」

「如同我不是為了滿足他人期待而活在這世上，這世界也無須滿足我的期待。」

這是完形治療法（Gestalt Therapy）之父弗里茨・波爾斯（Fritz Perls）留下的話，也是我剛進行諮商時深得我心的訊息。這段話聽起來如此令人暢快，有段時間甚至是我人生的座右銘。沒人會對我的人生負責，因此沒必要按照另一個人的期待生活，也沒有非得怎樣過人生的法則。每個人都只有一次人生，只要過好自己那一份就行了。年紀比較大，不代表就過得比較好或更有智慧。

二〇〇三年美國發表一項心理學研究，向一千多名隨機找來的消費者問了以下問題。

第一，假如你的存款到期了，你領到現金一百萬，你會去買自己想擁有的名牌包或手錶，還是去一趟夢想中的旅行？

第二，寫下至今購買的六項重要物品，其中三項是為了擁有而購買，另外三項是為了體驗而購買，並以一項以上的物品來說明自己是什麼樣的人。

第三，回想你至今購買的物品或經驗，並思考該消費經驗讓你滿足的程度。假如取消該次消費，可做其他選擇，你會怎麼做？假如你變更選擇，此刻的你會有什麼不同？

根據結果，所得水準越高者，體驗性消費比單純物品消費獲得了更多的幸福感。此外，人們也傾向以體驗性消費來描繪自己，比物品消費高出兩倍。最後，假如能夠取消，多數人想取消單純的物品消費。

人們為了表現自己，會產生自我認同的欲求，想擁有屬於自己的故事。尤其近年來，自尊感、做自己、自我成長、潛能開發等名詞形成一股潮流，這個現象更明顯，眾人想明確說出關於自己的某樣特質，並且證明自己。

想塑造與改寫自己的故事，最好的素材莫過於經驗。自我風格，是在累積經驗的過程中形塑的。透過經驗，我們可以學習並產生變化，獲得成長的機率很高。即使生活再平凡、沒有令自己印象深刻的經驗，也總有能說的故事，因為每個人都是自己人生的主角，沒有故事的人生是不存在的。妳至今為止寫下的故事是什麼樣的內容呢？充滿了不想讓人翻開、懊悔萬分的內容嗎？假如過往只留下了懊悔與迷戀，不如就期許往後會展開更美好的篇章吧。

住在中國時，我們一家人有空就會四處旅行。大家知道，中國是一塊廣袤的大陸，即便是國內旅行，也經常必須搭乘飛機。撇除上海或北京等大都市，有不少人嫌棄中國骯髒不便而盡可能不到中國旅行；不過住在中國這段時間，我想盡可能到各地繞繞，見識不同地區的特色。

首選地點是個叫做「麗江」的地方，這是一個以少數民族為主要居住人口的地區，保留繼承了少數民族特有的文化。

每個中國旅遊地點都有座「老城」，這裡販賣物品的商店、餐廳與茶坊都是針對觀光客來營業。我喜歡步入麗江老城時聽到的歌曲，因此立刻購買了唱片。但與其說是唱片，實則是模稜兩可的拷貝光碟，雖然音質很差，用來回憶麗江卻恰如其分。這些帶來情緒上的安定感、讓人感到愉悅的歌曲，如實反映了當地人純樸祥和的印象。

我從小就怕狗，即使是小型犬，只要牠高聲吠叫，我就會瞬間全身僵硬。剛到麗江時，狗群隨處可見，當下內心不知有多害怕，可是定睛一看，那不是我們熟知的寵物狗，而是韓國鄉下經常看到的土狗。脖子上沒有項圈，也不知道主人是誰，自由自在四處閒晃的樣子，令人納悶牠們有飼主嗎？狗兒們不再只是狗，彷彿成了地主，非常理直氣壯地活著。

我忍不住想，不分人狗，我們都只是在地球上共存的物種。牠們不跟著人跑，不會向人高興地搖尾巴，也不會汪汪吠叫，就像是人類一樣走自己的路。因此我一開始雖然怕得要命，但無形中自然而然地將牠們當成人類般看待，多年來的心理陰影，透過體驗新的文化而一點一滴克服了。

說起旅行，一位後輩曾說，在為期兩個月的歐洲之旅中，發現了從未認識的自己。她同樣是一名年過四十五歲的平凡家庭主婦，去年夏天帶著孩子們到歐洲旅行，但她沒有具體計畫，只是隨心所欲地變換旅行地點，想離開就離開、想停留就停留，如果碰上預料之外的問題或危機，就抱持著見招拆招的心態來應付。她第一次知道，原來自己這麼喜歡旅行，還具有這麼強的應變與危機處理能力。發現全新的自我後，她相信往後的人生會截然不同，將展開不一樣的故事。

我們跟孩子一樣，都會持續成長，只是需要與長期記憶、習慣、固執信念搏鬥，因此和孩子們相比，成長得非常緩慢。年紀越是增長，就越不容易敞開心胸接受新經驗，我也經常如此。但說真的，我們不能總是認為「往後沒什麼好令人心動的事，生活沒什麼兩樣」，因為沒人知道未來的生活會是什麼樣子。此刻過得舒適安樂，不代表明天也能如此。

捫心自問，我們是否以此時的快樂為藉口，而拒絕或逃避成長？我們要追求當下的快樂，還是透過成長獲得更幸福的人生呢？根據幸福相關的心理學理論，幸福感源於自我實現，而非快樂主義，最具代表性的說法是亞伯拉罕・馬斯洛（Abraham Harold Maslow）的需求層次理論。

我們多數人能夠在低層生理需求、安全感需求、歸屬感需求獲得滿足後順利生活，但我們也具有高層的尊重需求與自我實現需求。這些需求滿足後的人生，不見得能帶來安然自在，但無庸置疑的是，它會帶領我們走向終極的自我成長與幸福。

問起人們死前後悔莫及的是什麼事，比起做過的，通常是沒去做的事。試著活出這樣的人生吧——一邊回首過往，一邊說出「幸好當時做了那件事」。這不意味著必然要活出特別的人生，即使是平凡的故事也很好；無論是什麼樣的經驗，都不會有人跟你擁有一模一樣的感受、想法與觀點，因此它能成為專屬於你的特點與故事。

描繪四十歲的肖像

三十五歲到邁入五十歲的女性們，齊聚在「獨當一面的心理學咖啡廳」。在這裡，她們不是○○的媽媽和妻子，而是以自己的姓名參加，並將展現自我、理解自我，以及一步步朝理想模樣邁進視為目標。她們都想解決自己的問題，雖然類型與程度不同，但進入中年後的她們，故事都籠罩著相似的氛圍。

原本只是安靜聆聽其他成員說話的恩真，輪到自己發言時，一邊查看他人眼色，一邊為難地開口：「我大概是瘋了吧，大家都在說孩子的事，但我認為自己比孩子更重要。雖然知道這樣不應該，但是說句真心話，我想戀愛、想與某個人相愛。我的年紀已經坐四望五了，不知為何還這樣想，但我希望獲得允許，知道自己可以這麼做。我很自私吧？」

恩真和先生雖是戀愛結婚，但生完孩子後就分居，獨力撫養孩子十多年的她，想得到愛也不是什麼罪過，卻不敢對任何人說，強迫自己當個堅強的媽媽。想得到愛，這句坦誠的告白引起眾人的共鳴，相似話題此起彼落。有人憤怒地說，大家都認為年紀大就應該超脫一切，但自己因此覺得快要窒息了。

對於愛——深度溝通與建立連結的渴望，是作為一個人活下去的最基本需求。難道年紀增長後，就必須過著與人類基本需求一刀兩斷的人生嗎？越是去壓抑內在需求，它反而會變得更加強烈與迫切。重要的是，必須適時適當表現出來，不是讓情緒在無形中失控，最後徹底爆發。

將從小被壓抑的實現需求表現出來，不該被說成是中年危機而視為禁忌。那是一種將無法再忍耐的心情吶喊出來的求救訊號，也表示遇見真實自我的時機到來了。

我年屆八旬的婆婆，經常對著三個媳婦說：「真羨慕妳們啊！錯過現在就沒辦法打扮了，妳們要把自己裝扮得漂漂亮亮的。」在婆婆眼中，四十歲後段班的媳婦們看起來是如此年輕貌美。假如對婆婆說：「媽媽，您也來畫漂亮的妝吧！」她雖然嘴上說著「在皺巴巴的臉上畫什麼妝？又沒人會看，太麻煩了，妳們自己畫漂亮點就好」，但買了口紅送婆婆，她還是會連連稱讚好看。就像我們羨慕年輕人，也有人羨慕我們的年輕，這都是相對的。

逐漸增加的魚尾紋、暗沉失去彈性的皮膚，還有老早就失去熬夜工作或通宵玩樂的熱情，接替而來的，是對於陌生疾病大感意外，以及開始聽到因為老化而出現的疾病。舉例來說，不過是走路、坐下、站起來而已，腳背卻發炎了，導致走路一拐一拐的，那天醫師告訴我：「這是年紀大了的現象，請別太勉強自己。」一早起，發現臉頰有一大片枕頭壓痕，也只能整天帶著那個印痕東奔西跑；視力明明沒變差，眼睛卻老是模糊乾澀，更不知為何時常有分泌物。

想到自己逐漸變得邋遢，不由得悲從中來，這種情況不止一兩次，甚至有多次忍不住哽咽。四十歲經歷的情緒，比任何時候都來得更複雜微妙、更多樣化也更細膩。要把這種複雜細膩的情緒坦率表現出來，需要極大的勇氣，即使是大人，即使年逾四十，不，就算年紀更大，情況也是一樣的。因為我們內在的欲望、情緒是很純粹的，與年紀毫無關係。當然，也無須將四十歲的心境掏心掏肺全部吐露，不過至少自己要能接受這細膩微妙的情緒變化。在這樣的變化中，人生就會出現轉捩點。

在人生路上，我們都是新手。第一次養育孩子的新手、過四十歲後第一次去愛的新手、比他人早誕生卻依然覺得人生好難的新手、活到八十歲在死亡面前仍然忍不住發抖的新手。我們每分每秒的經驗都是第一次，我們是必須活到老、學到老的新手。尤其在徹底了解自己、活得像自己面前，我們都是手足無措的超級新手。

《人生永遠不嫌遲》（*Grandma Moses: My Life's History*，暫譯）的作者摩西奶奶（Anna Mary Robertson Moses），七十六歲高齡才開始作畫，八十歲開個展，一百歲時成了聞名全世界的畫家。某天，她在孫子的房間裡看到圖畫紙和顏料，驀然想起自己兒時的夢想，於是開始作畫。她曾說：「從小我就一直想畫畫，但直到七十六歲才能開始。喜歡的事情要慢慢地去做，有時即使人生在催促你，也不要太著急。」、「大家總對我說，已經太晚了，但現在才應該是最心存感激的時光。對於真心想追求什麼的人來說，此時此刻正是人生最年輕的時候，最適合開始做某件事的完美時機。」

假如妳一直以來都為了生活而遺忘夢想、迷失自我，現在反而是徹底發現自己的最佳時機。不必感到委屈、悔恨或感慨，好好將重心放在自己身上，如此才能活出精彩的人生下半場。

正向心理學以下列公式計算人類感受到的幸福感：

幸福＝先天設定（50%）＋生活事件（10%）＋有意識的行為（40%）

有趣的是，中彩券、結婚、錄取、升遷、搬家、所得、職業、宗教等生活事件，對幸福感的影響只占百分之十；而經過自發性選擇、傾注努力的目標導向行為，與以潛力開發或自我實現為目標做出的有意識行為，則決定了幸福感的百分之四十。先天要素與生活事件，不是我們意志可以控制的領域，尤其生活事件的變化，對於幸福與否的影響力可說微乎其微，假如對此窮追不捨，無疑與放棄幸福沒兩樣。重點在於有意識地選擇能夠發揮自己的某件事，並持續採取行動，才能增進幸福感。

當我們必須找到比別人突出的特點時，雖然容易自慚形穢或變得沒自信，然而以自己的記憶與經驗為基礎，將重心放在自身、進行自我觀察，進而發現全新的自己，這件事也能帶來喜悅。所以，試著從記憶中找出自己「最突出」的地方吧！去發掘自己最特別之處，這個行為本身就是最愉快的一件事。

尋找成長的刺激

即使暗自下定決心，要懷著好奇心度過有別以往的一天，但若沒持續給予刺激，便難以維持動力，轉眼間一切又回歸原點。然而，我們不可能不斷地從外在尋求刺激，因此，必須制定能夠刺激自己的策略。對終日忙碌的四十歲女性來說，制定和執行「計畫」或「策略」，可能會變成另一種壓力；例如制定好計畫，沒多久卻不了了之，這種罪惡感就是壓力。過度的壓力固然會造成問題，但適度的壓力，反倒幫助人們成長，使生活更滋潤。

美國亞利桑那州有個億萬富翁退休後聚居的地方，叫做「太陽谷」（Sun

Valley）。這裡不僅各種設施一應俱全，更是個名副其實的和平社區——其他社區經常碰到一些令人皺眉的情況，這裡都不曾有過。

不過，令人吃驚的是，一份針對這個堪稱老年生活最佳環境的社區居民所進行的調查顯示，這裡的老年痴呆症發病率比一般人高出許多。韓國李時衡博士進一步調查原因，發現首要原因在於日常沒有「壓力」，再來是不必「煩惱」生計，以及生活沒有「變化」。

無論是什麼，反覆做久了就會產生惰性。四十歲後，生活比起二、三十歲來得相對穩定；沒有劇烈變化的日常固然自在，卻很容易陷入無聊與倦怠的狀態。此時的我們已學到要領，知道如何避開自己厭惡的人事物，盡可能只去尋求簡單的、喜歡的東西，對舒適圈徹底上癮。缺少刺激，成長自然跟著停滯。

四十歲過後，敏珠總是將「好煩」掛在嘴上，一起床最先說出來的也是

「好煩」兩字。就算坐在鏡子前準備化妝，也會心想「又沒人要看，打扮做什麼？」每天晚上，她都暗自下定決心，明天開始要早起運動，但到了早上又產生抗拒。「好煩，運動有什麼意義？人生過得差不多就可以上西天了。」儘管她過著不比他人差的舒適生活，但她的人生沒有意義也失去動力，需要處方箋才能改善。

每個人都帶著想要改變的動機，若是想要提升改變的意志，就需要能夠帶來些微壓力的行為，最好的方法即是試著改變熟悉的環境——可以改變家裡的裝潢，也可以讓每天做的家常菜有些變化，或改去另一家超市。

去做不曾嘗試的事情，或去陌生的地方見陌生人，感到煥然一新的同時，也會帶來另一種壓力——這是因為拋棄熟悉的方式，不同的做事方法會降低效率、提高疲勞度。不過出乎意料的是，有意識的行動不僅能為生活帶來活力，也能因為些微緊張而提高集中力。

偶爾，人們會夢想過著毫無刺激的祥和生活。許多人曾想過年老時到寺廟或山中，不受世俗干擾，一個人安安靜靜度過晚年。也有人看著《我是自然人》*節目，憧憬離開都市，過著自給自足的生活。可以理解人們想從過多壓力中獲得解放、自由自在地生活，但逃避後就能完全擺脫壓力嗎？真的能夠幸福嗎？就算沒有任何摩擦、身心再怎麼自在，人類依然會找出「不適」之處。就好像舒適地躺在床上，神經反而變得敏感，導致什麼姿勢都無法滿意一樣。

假如你正在為了追求安全與舒適感，而逃避可能會造成壓力的刺激，不妨來聽聽猶太教的拉比暨精神科醫師亞伯拉罕．托爾斯基（Abraham Twerski）怎麼說：

「龍蝦是一種很柔軟、軟呼呼的動物，住在很堅硬的殼裡，聽說這硬殼的大小不會改變。那麼，龍蝦怎麼成長呢？當牠長得越大，硬殼就會將牠們束縛得越緊，受到壓迫的龍蝦，會處於一種非常不舒服的狀態。因此，牠們會躲進安全的岩石底下，確保避開捕食者的追殺後，再拋棄舊殼，打造一副全新的殼。然而當牠的身體再次長大時，新殼又令牠感到不舒服，就會再次躲進岩石底下，不斷反覆這個過程。給予龍蝦刺激、幫助龍蝦成長的，就是牠的『不舒服』。假如龍蝦能看醫生，牠們就絕對不會成長，因為一旦感到不舒服，就會找醫生開精神安定劑，讓心情再次變愉悅，牠們因而也不會拋棄自己的舊殼。我們必須領悟一點：當你產生壓力時，意味你成長的時間點到了，假如你能充分利用這個逆境，就能藉此成長。因此，請善加利用壓力吧！」

令我們感到痛苦的日常壓力是適當的刺激，能使我們正面迎戰並有所成長。逃避壓力就等於停止成長；些微的匱乏與不便，會為我們創造「改善」的餘地。

* 韓國 MBN 電視台的紀實節目，找尋生活在深山野外的人們進行採訪。

若妳已經習慣日復一日的鬆懈日常，以致現在過著不好不壞、平淡無味的生活，那麼，開發五感也是方法之一。諷刺的是，生活在無數刺激的時代洪流中，我們的感覺反倒變得遲鈍，這可能是為了保護自己，避免壓力過大的一種防禦機制。但從四十歲開始，就算沒有自我防禦，對刺激的反應也會自動變遲鈍。因此，妳不必費心讓漸趨不敏銳的知覺變得更遲鈍，甚至助長這個情況。

如同作家金英夏*在上寫作課時，強調把自身經驗當成像在講述別人的故事，不要用羅列事件的方式去敘述，而是善用五感去寫作。舉例來說，回想過去幸福的時刻，不要只是直視過去說「當年是這樣的」，而是要用全身去體驗那一瞬間，仔細想像當時聽到、看到、聞到、嚐到什麼，而觸感又是如何。日常生活亦是如此，遇見某種刺激時，不要讓它只是輕輕離去，如果能用五種感官去體會，即使是與昨日相同的刺激，也能獲得更豐富深度的體驗。

花瓣飄落，不代表人生就此結束。就像春天來臨後，生命彷彿凋零的樹木上會冒出翠綠新芽、再次綻放花朵，四十歲女性也有機會透過全新的刺激和經驗，打造更燦爛的人生。請相信過去人生累積的實力吧！

* 韓國進軍國際文壇的先鋒作家，曾獲多項文學獎，在台灣出版的作品包括小說集《殺人者的記憶法》、《我有破壞自己的權利》及散文集《見》等。

儲備人生的正向能量

「幸福這種情感，不能否認沒有先天影響，但我們仍能靠後天努力來開發。開發幸福的方法無數種，其一就是心存感謝。只要心存感謝，就能獲得幸福。」

知名正向心理學家馬汀・塞利格曼（Martin Seligman），在實際進行的研究中證實了這個說法。團隊以早上喜歡賴床的人為研究對象，指示他們進入網站執行簡單任務：回想並寫下三件每天發生的好事與值得感謝的事。寫了兩週感謝日記的結果顯示，參與者的憂鬱症狀急遽減輕，幸福感則大幅提升。不只這個實驗結果，我們周遭也有無數個經驗談與案例，在在確認感謝日記發揮的效果。

儘管如此，有人可能會想：「感謝日記？有什麼好感謝的？難道不斷去尋找感謝的事由，人生會就此改變嗎？」但嘗試過的人都知道，無論有沒有值得感謝的事，懷著感謝的心是最重要的。每一天，感謝的心都會轉換成正面情緒，其後續效果非常可觀，實際見識過的人因而變得放鬆從容，產生幸福感與活力。這個處方也經常用在憂鬱的人身上，不過，不只是針對憂鬱症患者，對日常生活感到疲乏的所有人，都是必要的處方。

我們在什麼時候感到最辛苦？是怎麼做都不順利、覺得看不到盡頭，以致於整個人生充滿挫敗與無力的時候嗎？喪失對未來的希望時，撐過每一天的勇氣和力量也會跟著消失；為了避免失去希望，我們需要能夠武裝自己的專屬道具。就這個層面來說，感謝日記能使我們內心變得踏實，是避免我們喪失希望的最佳道具。它如同未雨綢繆的保險一樣，英國有句話這樣說：「名為『感謝』的美德，並不是為了過去而存在，而是為了使未來更加豐碩。」

「原諒過去，熱愛現在，冀望未來」，韓國團體諮商大師柳東秀經常向追求幸福的人傳遞這個訊息。這段單純明快的話告訴我們，我能夠做的，只有眼前的事，所以別再四處徘徊，尋找根本不存在的正解。停止不斷回想、反省、分析過去、為過去後悔的情緒，也不要擔憂尚未發生或無法預測的未來，為此消耗時間、體力。活在當下、保持感謝之心，正是熱愛現在的表現，也是活出幸福人生的祕訣。

正向心理學家芭芭拉．佛列德里克森（Barbara Lee Fredrickson）提出正面情緒擴張與建構的理論，也相當引人入勝。根據她的說法，我們經常稱為正面情緒的舒適感、愉悅、滿足、喜悅、愛等情緒，能使我們在面臨任何特定情況時，擁有更具創意與彈性的想法，也能幫助我們擺脫習慣與固定的行為模式，提高做出各種嘗試的可能性。

這種想法和行為也能為周遭的人帶來正面能量，藉由分享愉悅感的經驗，自身的人際關係會獲得改善，社會支持體系與資源跟著擴張，最終活出幸福圓滿的人生。若從更具體的層面來看，心理學家的研究顯示，當正面情緒經驗較負面的比例高出二點九倍時，人生就會進入良性循環，生活滿意度也會提高。

我們都需要為引發並維持正面情緒做出努力，每天寫感謝日記就是一個不耗費太多時間與金錢、任何人都能做的行動。感謝之前，要有值得感謝的事；幸福之前，要先有幸福的事——若妳抱持著這種論調，是沒有意義的。與其將焦點放在孤單、不安、恐懼、悲傷、憤怒與煩躁等負面情緒上，不斷去思考「我為什麼會這樣」並努力想要消除它，還不如將心思投注在值得感謝的事情上。

二十多年前剛入行時，我為了鎮定心情，參加了名叫「同事攝」的法會。主持同事攝的龍陀師父從多年前就開始教導、實踐「灌溉淨水」修行。所謂的

「灌溉淨水」，是指滴入水中的黑墨水雖然沒辦法除去，但只要持續倒入淨水，就能稀釋墨水，最後水也會變得澄淨，師父將這個原理應用在心靈上；也可以說，這是幫助人們實踐、維持正面情緒並獲得幸福的祕訣。灌溉淨水，是有意識地激發感謝之心並加以實踐。

在同事攝法會上，更有「原來吧感謝法」的實踐辦法。「原來吧感謝法」聽起來生疏，實則涵義相當簡單，就是把「原來……應該是……吧，儘管如此……所以很感謝」這個句子，濃縮成「原來吧感謝」。這是在碰到某種特定情況、聽到某人說的話或看到某人做的行為時，激發出具體感謝之情的行為。讓我們舉個例子，假設孩子放學回來，一進家門就哭著說不想上學，媽媽看到後，自然會感到擔心和焦慮。這時，妳可以試著對自己這樣說：「原來孩子在哭著說不想去上學啊，雖然不知道確切原因，不過應該是有理由的吧，儘管如此，幸好孩子還能在家盡情哭泣，把情緒宣洩出來，所以覺得很感謝。」即便再怎麼令人不快的情況，只要實踐「原來吧感謝法」，就會產生用其他視角思考並接受相同情況的從容。

做這件事不為了別人，而是為了自己。沒必要非得從外部尋找感謝的理由，只要閉上雙眼、做一次深呼吸，將心靈之眼聚焦在此時正在呼吸的「我」這個存在上。接著，試著這樣對自己說：「雖然有很多不滿意的地方，事情也不盡如人意，所以經常感到受傷、失望；儘管如此，我還是很喜歡現在的自己。不需任何理由，單憑存在本身就足以令人感謝。」

問候自己過得好不好

妳曾經問自己過得好不好嗎？如同向珍貴的某個人問候「最近過得怎麼樣？還好嗎？現在幸福嗎？」問候，與能夠隨口輕鬆應答的客套話不同；問候，是停下正在進行的動作，走進內心深處，探察此時的自己正在經歷怎樣的經驗，也就是與自我靈魂展開坦誠對話的時刻。我們從小就面對無數提問，一路解題、尋求答案至今，但老實說，相較於拋出提問，我們更習於尋找問題的答案。此外，幾乎沒有捫心自問與自我回答的機會。

邁入四十歲的我們，有必要習慣與自己對話。就像與某人對話時，有說話者與聆聽者、提問者與回答者一樣，與自己對話也需要這兩種角色。但我們不是要尋找正解的提問與回答，而是需要為了探索與發現的對話。儘管最了解我的人是自己，但令人意外的是，很少有人會持續去了解自己，大家更關心、更好奇自己在別人眼中是怎樣。現在，將目光轉移到自己身上，先從問候過去視而不見的自己開始，循序漸進地增加與自己的對話時間吧。

上了年紀，仍然保有好奇心，這就是活得年輕的祕訣。如同對周遭的世界與人們懷有好奇心那樣，希望妳也帶著深切的愛來看待自己，以充滿好奇心的眼神提出問題並進一步探求。與好友們閒話家常時，不要以「某某人怎麼樣」的對話開頭，而是以「我」來展開對話。我們向來能以非常銳利的眼光分析、探究根本就不在場的知名人士、藝人或周圍某人的流言蜚語，話題素材一直是「他人」；無論是否有趣，大部分都與我的人生無關。

請去了解「我」這個人的一切，然後逐一實驗尚未驗證的全新假設吧！如此一來，妳將會認識未知的自己，也能打破錯誤的自我認知。至少，妳要有決心成為最了解自己的專家。

提問，是能夠帶領妳走向美好人生的引路人。每天向自己拋出問題，將為妳提示方向，幫助妳朝向有目的、有意義的人生邁進。重點在於不停提問，好奇心本身就有存在的理由。無論是誰，只要想到永恆、生命、世界驚人奧祕，就會充滿敬畏之心；只要每天努力多理解一點其中奧祕，就已經足夠了。愛因斯坦曾說「不要失去神聖的好奇心」，他也同樣強調提問的重要性。

假如今天是生命的最後一天，我會做什麼呢？我已經來到自己想待的地方了嗎？此時的我在哪裡？我想做什麼？假如要做出有別於昨天的選擇，今天會做出什麼選擇呢？現在能夠立即做到的是什麼？此刻正在做什麼？我的心正走向何處？我今天會改變什麼？會去見誰？今天的選擇對未來的人生有什麼意義？只要每天多問一點，就能多收穫一些。

「主婦的心理學咖啡廳」，顧名思義，就是降低諮商室的門檻，為追求自我成長的四十歲女性提供空間，讓她們能針對各式主題敞開心胸對話的諮商計畫。過去曾選讀以四十歲女性的夢想與挑戰為主題的繪本，先是共同閱讀，接著反問自己幾個問題再進行分享。

河琳是個相當文靜的人，給人少女般的印象，參加時臉上始終掛著溫和微笑。初次分享時，她說道：「我沒什麼欲望，也很滿足於現狀。從小我就討厭與人起衝突，總是為了維持和平而犧牲自己。婚後，我也努力居中調停，避免先生和孩子間發生衝突；看著家人和樂融融、舒適休息的模樣，使我感到幸福滿足。然而最近看到老二上國中後的一舉一動，和我就像是一個模子印出來的，我感到鬱悶難過。我多麼希望他能拿出野心去挑戰，他卻意興闌珊，一副懶散的樣子。看著那孩子，我萌生了要改變自己的念頭，假如過去的我是停滯不前、步伐緩慢的人，現在的我想要跑得快一些。」

最後一次聚會，我們讀完書、正在分享時，曾說想要奔馳的河琳很高興地說起了自己的變化。「我以為過去的自己停滯不前，但寫下今天提問的答案並分享後，才發現自己早已在奔馳了。」因為做的事情稀鬆平常，所以直到現在才發現，原來自己已逐步朝著夢想奔馳了。她說，用全新視角觀看自己的同時，多了一點表現自己的勇氣，因此能夠下定決心挑戰更遠大的夢想。透過自問自答的集中式對話，能隨時獲得全新視角與深刻洞察。

假如不知道該問什麼、又該如何回答，不妨先從問候自己的安好開始，就像對待最親近要好的朋友那般。「最近過得怎麼樣？今天過得如何？幸福嗎？覺得還好嗎？」如果只是輕率地回答「過得很好，老樣子，喔，沒事啊」，這些提問就發揮不了作用；一定要過得很好、很幸福的想法也必須放下。對自己坦誠一點吧，檢視自己是否有所隱瞞；假如有，就把它取出來看看。取出並認同後，妳可能會覺得維持現狀也很好。就算自己橫衝直撞，似乎什麼事都做不好，始終在原地踏步，也只要看著努力的自己，給自己一個擁抱就夠了。今天，也對辛苦的自己，露出一個溫暖的微笑吧！

有空就去摘玫瑰吧

珍惜年少摘下花蕾，
因為時光飛逝不回。
今日微笑的花，明日即將枯萎。

這是電影《春風化雨》（*Dead Poets Society*）中，主角基廷老師要某位學生背誦的詩句。現在看這部電影的感覺已與學生時代不同，我不禁自問，是否一邊怪罪歲月流逝，一邊冷嘲熱諷地推託「現在開始太遲了」、「都這把年紀了，還做什麼？」、「人生有什麼了不起？不過就是經歷生老病死」、「我有什麼特別的？大家不都這樣生活嗎？」也讓我思索現在的人生，是否自認美好的時光已經逝去，於是讓自己在步向死亡的歲月中隨波逐流，被動地活著？

不知不覺中，我也過了不惑之年。四十歲，這個年紀稱不上年輕，說老又有些曖昧不明。剛過四十歲時，對自己的年紀還沒什麼深刻感覺，直到過了四十五歲後，才驚覺自己真的已經四十歲了，頓時百感交集。一想到至今尚未頓悟人生、還有諸多世事不懂的我，如今必須成為懂得對人生負責的大人，就不免感到焦慮。想到自己無法回頭，也無處可逃，不由得感到茫然。已在現實中扎根許久，此刻要拋棄穩定生活的土壤、重新站起來，不僅缺乏勇氣，也缺乏那份迫切感。不過，內心卻持續傳來這個聲音：「這是我想要的生活嗎？我又在這裡做什麼呢？」

一名五十歲出頭的女性，這輩子為家人盡心盡力，以全力以赴的人生為傲的她，卻碰上令她大受打擊的事件——女兒突然性情大變，甚至企圖自殺，原本讀得好好的大學也中途放棄，成天窩在家不出門，完全不跟外界往來；女兒更把媽媽當出氣筒，將憤怒與怨恨宣洩在她身上。她抱怨不知為何女兒變了個人，也不懂女兒對她發怒的原因，她感到鬱悶又委屈，自己好像也快瘋了。

她只有這名女兒，為了不讓女兒像自己一樣吃苦、可以過著豐衣足食的生活，她夜以繼日地工作，在經濟上給予全力支援。因此，事件發生後她感到被女兒背叛而暗自叫屈。其實，這是她受到極度貧困的童年影響，將衣食無虞與安全感視為第一順位，更為此放掉自我實現的需求，而是根據需要與情況，要求自己去適應現實；也多虧如此，她才能享受不欣羨他人的富裕生活。所以，女兒性情大變，等於是在全盤否定自己一路走來的人生；受到打擊的她；感到相當憂鬱，內心混亂不已。

在為期兩週、互相持續了解的諮商後，媽媽與女兒傾吐了過去沒有表達出來的內心，用對話化解彼此的價值觀差異，也願意靜下來傾聽彼此。母女之間，發展出保持適當距離、互相信任、理解與守護彼此的關係。她們領悟到，女兒不是為了使媽媽高興而存在，媽媽也不是為求女兒成功而無條件犧牲自己的人；為各自的人生全力以赴，對彼此都好。女兒祈求獨立自主的吶喊，最後扭轉了母女倆的人生。

接受諮商後，這位五十多歲、原本對撼動自己人生的女兒充滿埋怨與憤怒的媽媽說，多虧女兒，自己才迎來回顧人生的轉捩點。後來女兒進入了自己理想的研究所，重返讀書之路；不久前更以優異成績畢業，她將兩人合照傳來與我分享。

四十歲，是依然能以健康的精神狀態驅使身體活動的年紀。對於活在百歲世代的我們來說，四十歲才是人生真正開始的最佳年紀。

秀雅雖然經常聽到別人稱讚她有畫畫天分，但她從來沒學過，直到過了四十歲，孩子們都長大了，為了在空閒下來的日常生活增添一點樂趣，她開始把畫畫當成興趣來學習。她的動機很單純，就是計畫三年後與好友們去旅行時，能夠一邊遊覽，一邊將沿途風景描繪下來。她的目標不是要畫得多傑出，僅僅是想像三年後的模樣，畫畫的時光就變得無比幸福、令人享受。六個月下來，她經常畫風景畫；儘管三年後的旅行計畫因故取消而有些遺憾，她依然持續不懈地作畫。

四十歲最大的好處是，想開始做某件事不需要名分或正當理由。一個月或幾年後的小計畫，都可以成為目標，這是年輕時無法體會的。假如妳不是在等待一個足以扭轉整個人生的重大理由，就有必要將內在散落的東西聚集起來檢視一番，沉穩地調整呼吸再往下走。別再按照過去的方式，重新檢視、設定、聚焦後，再前進吧！

有空就去摘取玫瑰吧，思考此刻能摘取哪一朵，
去摘取此刻錯過就會枯萎的、藏於內心尚未見到的玫瑰。

成爲一個有夢想的「我」

至今為止只看著前方、比任何人都努力的我們，有一天，猛然驚覺自己已站在中年的門檻上，胸口滿是無以名狀的惆悵與虛脫。經常回顧過去，思索自己是誰，此時又該往哪裡去，正是邂逅過去遺忘的自己、重新理解自己的最佳時機。請回頭看一下，對一路用心生活的自己給予肯定吧！接著，果敢地轉過身，在此時佇立的位置上重新開始。

我認為去實現心中的夢想，是與真正的我相遇，也是一個發現、擴張全新自我的過程。它是自我成長，也是自我實現。重點不在結果是否實現，而是實現的過程。沒有所謂的成功或失敗，現在的我經歷了過程，往後的人生就會朝著該方向流動。不過須留意，別強迫自己必定要擁有「夢想」。不是此時的我在跳舞，就必須成為舞者；也不是我在作畫，就必須具備畫家的資格。這裡說的夢想，是指最能表現我這個人、展現自身價值的一種方式。我們渴望的東西，會間接證明它是我們人生中的重要價值；因此，去實現渴望的人生，就是與實現自我相通。所以，不須每件事都達到什麼成就，或必須成為什麼不可。

實現夢想的人生，意味著放下壓抑自己的沉重外殼與巨石，重新昂首凝視陽光，就像雲消霧散，天空重見光明那般。每個人都擁有自己的光芒，去發現是什麼遮掩了光芒，然後誠心誠意地去擦拭、檢視它，讓自己的色彩得以嶄露出來，就能成為真正的自己。

我為了成為不斷精進的諮商師，必須學習諮商相關的專業知識，也得累積個人與團體諮商的經驗。記得剛入行不久，還是個青澀菜鳥時，負責指導感受性訓練團體的老師，曾特別盯著在人群中的我說：「妳要空想到什麼時候？」這句話彷彿當頭棒喝，我的淚水突然傾瀉而出，頓時像個孩子般放聲大哭。我的內心好像被看穿似的，整個人都輕鬆快活了起來。直到那時，我才發現自己習慣性地說「好想去做某件事」，但總是停滯在那一步，從來不曾積極採取行動，或鼓起勇氣去闖闖看。我深刻明白了自己不該以願望為終點，更重要的是去實現它的過程。過去的我，始終認為願望不可能實現，因而一開始就打消了念頭。

儘管如此，也沒必要為了摘取夢想或幸福的果實而賭上一切、汲汲營營。每個人都夢想過著幸福人生，但幸福不是爭取來的，而是每分每秒的經驗。人們對幸福人生抱持興趣，許多學者針對幸福進行研究，諷刺的是，研究結果顯示，越是渴求幸福、將其視為重要價值的人，就越容易感到自己不幸。換句話說，越是認為自己不幸福的人，越渴望得到幸福，並將其視為首要價值。

當今社會不僅飽受幸福強迫症的煎熬，也深受成功強迫症的煎熬。我們遺忘了目的和方向，不知道做這一切為了什麼，只是盲目地被迫接受應該要幸福、成功、追求夢想、實現夢想、提高自尊感等等，而過著被不安追逐的人生。夢想是為了發現自己的途徑，是替我們確認方向，好讓我們能體驗這一刻的幸福，但它本身不需要成為目標。不是要妳為了夢想放棄現在或為此犧牲，也不是要妳為了實現夢想拋家棄子；假如妳為自己確立了夢想，卻被夢想牽絆，每天的生活都在拷問自己，那就不對了。請銘記在心，夢想，應該是使妳現在過得更充實、更豐足、更幸福的東西才對。

過了四十歲，開始發現從前不曾經歷的疾病逐一增加、身體狀況大不如前，不禁感到自己逐漸邁向衰退，頓時停下所有動作，恐懼感油然而生。年紀的增長，意味著與死亡的距離更近了一些，這讓我開始思索今後該以何種方式去經歷它。夢想與目標，不是為了未來，也不是因為擔心或恐懼年老而存在，它是為了讓現在過得更好、更有意義。

正向心理學提出三種幸福的生活，其一是「享受的生活」，其二是「有意義的生活」，最後是「忘我投入的生活」。當這三種生活方式能夠平衡時，就可以說我們過著幸福的生活。進一步來說，享受的生活固然重要，但要以一時的快樂來體驗真正的幸福仍有局限；有意義的生活與忘我投入的生活，則代表能夠好好理解自己、尋找自己真正祈求的夢想，滿足追求的過程中所衍生的需求。假如為了活出有意義與忘我投入的生活，妳願意欣然地投資時間、金錢與努力，光是這樣，就足以說妳是個有夢想的人了。

我對於藏在某人的女兒、妻子、媽媽的巨大框架後的妳感到好奇——我指的是構成妳姓名的三個字，妳獨有的個人色彩與形象，以及妳珍貴的夢想與渴望。妳不感到好奇嗎？憑著這份好奇心，我們就可以展開另一段人生。已經氣喘吁吁活到此刻了，就不要再被冠上其他名字做毫無意義的賽跑了。正如防彈少年團一首歌唱的那樣——我們此刻的每一次呼吸、每一句話語，都已讓我們身在樂園裡。明智地睜開閉上許久的心靈之眼，去正視那個躲在無數替代姓名、角色身後的「我」吧！

• 附錄

女人四十，
自我發現的心靈之旅

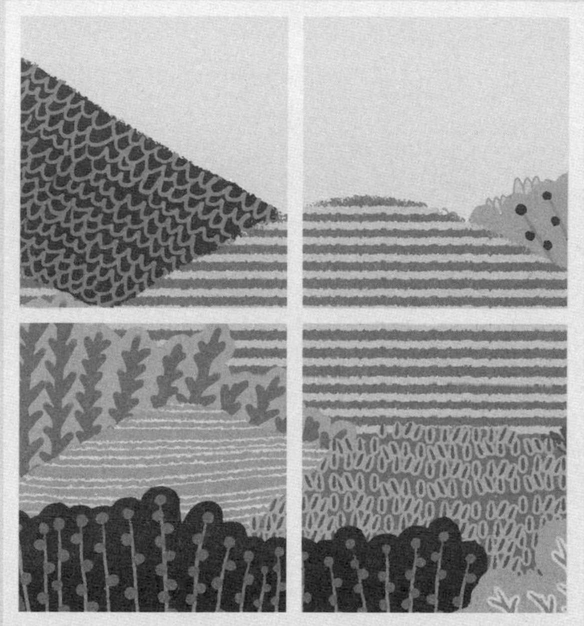

女人四十，我是誰呢？

尋找自我，並非意味著發現全新的我，而是擺脫過往束縛自己的習性，使原來的我得以嶄露光芒。請閱讀以下問題，並將想到的答案寫下來。

① 我是什麼樣的人？寫下關於「我」的五十個詞彙。

②別人眼中的我是什麼樣子？寫下他人怎麼看待妳，以及妳希望他們如何看待妳。

③我曾經是個什麼樣的孩子？寫下兒時的夢想、挑戰、成就、失敗與挫折經驗。

④寫下現在的我處於什麼位置上，又朝著什麼方向前進。

⑤寫下定義「我」的形容詞，以及從今天開始自己想要被定義的形容詞。

⑥活得像我自己，之於妳的意義是什麼？

女人四十，
今天該怎麼度過呢？

什麼能使我感到幸福呢？把想到的寫在這裡吧！不用太過絞盡腦汁或太認真，只要懷著輕鬆的心情回答以下問題，就能找到自己喜歡做的事。

①寫下一天中我最喜歡的時刻，或是獨處的休閒時間是從幾點到幾點。

②寫下在這段時間內，妳通常會做什麼？是否感到開心與滿足？

③萬一答案是否定的，那妳想改變的是什麼？思考一下，有沒有不需要特別裝備或準備就能立刻去做的事？

④ 什麼活動是妳心想有時間一定要嘗試，卻遲遲沒有付諸行動的呢？小時候喜愛的活動或曾經很想嘗試的活動也可以。

三十分鐘

一小時

兩小時

一天

⑤ 接著，假如還有想到別的，也把它們寫下來吧。

⑥ 將前面寫的活動填進表格中，使其一目了然。

三十分鐘	三十分鐘	三十分鐘
半天或一整天	**能讓自己開心的活動**	一小時
兩小時	兩小時	一小時

國家圖書館出版品預行編目資料

女人四十，該捨棄與該開始的：擁抱妳的隨心所欲，今天也要問候自己過得好不好／鄭教暎著；簡郁璇譯 .-- 初版 .-- 臺北市：日月文化出版股份有限公司，2022.02
256 面；14.7*21 公分 .--（大好時光；53）

譯自：여자 마흔, 버려야 할 것과 시작해야 할 것
ISBN 978-626-7089-02-6（平裝）
1. 自我實現 2. 生活指導 3. 女性

177.2　　110020733

大好時光 53

女人四十，該捨棄與該開始的

擁抱妳的隨心所欲，今天也要問候自己過得好不好

여자 마흔, 버려야 할 것과 시작해야 할 것

作　　者：鄭教暎（정교영）
譯　　者：簡郁璇
主　　編：藍雅萍
校　　對：藍雅萍、謝美玲
封面設計：Ancy Pi
美術設計：ivy_design

發 行 人：洪祺祥
副總經理：洪偉傑
副總編輯：謝美玲
法律顧問：建大法律事務所
財務顧問：高威會計師事務所
出　　版：日月文化出版股份有限公司
製　　作：大好書屋
地　　址：台北市信義路三段 151 號 8 樓
電　　話：(02)2708-5509
傳　　真：(02)2708-6157
客服信箱：service@heliopolis.com.tw
網　　址：www.heliopolis.com.tw
郵撥帳號：19716071 日月文化出版股份有限公司

總 經 銷：聯合發行股份有限公司
電　　話：(02)2917-8022
傳　　真：(02)2915-7212
印　　刷：禾耕彩色印刷事業有限公司
初　　版：2022 年 2 月
定　　價：320 元
I S B N ：978-626-7089-02-6

日月文化集團
HELIOPOLIS
CULTURE GROUP

客服專線 02-2708-5509
客服傳真 02-2708-6157
客服信箱 service@heliopolis.com.tw

廣告回函
台灣北區郵政管理局登記證
北台字第 000370 號
免貼郵票

日月文化集團 讀者服務部 收

10658 台北市信義路三段151號8樓

對折黏貼後，即可直接郵寄

日月文化網址：**www.heliopolis.com.tw**

最新消息、活動，請參考 FB 粉絲團

大量訂購，另有折扣優惠，請洽客服中心（詳見本頁上方所示連絡方式）。

大好書屋

寶鼎出版

山岳文化

EZ TALK

EZ Japan

EZ Korea

大好書屋・寶鼎出版・山岳文化・洪圖出版 EZ叢書館 EZKorea EZTALK EZJapan

日月文化集團
HELIOPOLIS
CULTURE GROUP

感謝您購買 女人四十，該捨棄與該開始的 ______

為提供完整服務與快速資訊，請詳細填寫以下資料，傳真至02-2708-6157或免貼郵票寄回，我們將不定期提供您最新資訊及最新優惠。

1. 姓名：______ 性別：□男 □女
2. 生日：____年____月____日 職業：
3. 電話：（請務必填寫一種聯絡方式）
   （日）______（夜）______（手機）______
4. 地址：□□□ ______
5. 電子信箱：______
6. 您從何處購買此書？□______縣/市______書店/量販超商
   □______網路書店 □書展 □郵購 □其他
7. 您何時購買此書？ 年 月 日
8. 您購買此書的原因：（可複選）
   □對書的主題有興趣 □作者 □出版社 □工作所需 □生活所需
   □資訊豐富 □價格合理（若不合理，您覺得合理價格應為______）
   □封面/版面編排 □其他______
9. 您從何處得知這本書的消息： □書店 □網路／電子報 □量販超商 □報紙
   □雜誌 □廣播 □電視 □他人推薦 □其他
10. 您對本書的評價：（1.非常滿意 2.滿意 3.普通 4.不滿意 5.非常不滿意）
    書名____內容____封面設計____版面編排____文/譯筆____
11. 您通常以何種方式購書？□書店 □網路 □傳真訂購 □郵政劃撥 □其他
12. 您最喜歡在何處買書？
    □______縣/市______書店/量販超商 □網路書店
13. 您希望我們未來出版何種主題的書？______
14. 您認為本書還須改進的地方？提供我們的建議？
    ______
    ______
    ______
    ______

生命，因閱讀而大好